Heini Gruffudd

Street Welsh
Phrasebook

yLolfa

INTRODUCTION

WELSH is spoken by 500,000 people in Wales, around 20% of the population. In western and northern Wales, it is spoken by more than 50% of the population, but large numbers also speak Welsh in south Wales.

Visitors to Wales will always be given a warm welcome if they show some interest in the language, and if they use some phrases. Some basic knowledge of Welsh will lead to an understanding of a language and culture that has survived for almost 2,000 years.

The number of adults who learn Welsh is increasing, and more and more children attend Welsh medium schools. After suffering years of decline due to military, economic, political and cultural dominance from England, Wales is becoming an increasingly independent country.

Welsh is now an officially recognised language, and is used in all levels of education, public life, local and national government.

This introduction to Welsh should be of use to the Welsh learner and to visitors to Wales.

You will find here phrases ready for use when shopping, dining, travelling, socialising, etc.

Heini Gruffudd

Publishing details: *Street Welsh* is published by Y Lolfa Cyf., Talybont, Ceredigion, Wales SY24 5AP tel. 01970 832 304, ylolfa@ylolfa.com, www.ylolfa.com. This is a 2011 reprint of the original 2006 edition. The book is strictly subject to copyright © Heini Gruffudd & Y Lolfa Cyf., 2006, and may not be reproduced without prior permission from the publishers. Photographs & design by Robat Gruffudd. ISBN 0 86243 902 7.

CONTENTS

HOW TO USE THIS BOOK

This book gives you an introduction to the Welsh language. You can use it in the following ways:

1. As a phrasebook:

Look up the appropriate situation, and you will find useful phrases and some vocabulary. Some of the phrases show where additional words can be added, using the basic sentence pattern provided.

2. For pronunciation:

There is an initial guide to pronunciation, and then you will find an approximate pronunciation with each phrase.

3. To learn more:

If you want to learn more, and use more Welsh, the second section on grammar will give you basic patterns for forming sentences in Welsh.

4. Vocabulary:

The last section is a short vocabulary, Welsh-English, and English-Welsh which lists around 2,500 words from one language to the other. You will find in the Welsh – English the plural forms of nouns, which nouns are feminine or masculine, as well as some phrases.

All Welsh words and phrases used in the book are given an equivalent 'English' pronunciation, based on the list below. Remember than 99% of all Welsh words, if they have more than one syllable, are accented on the last-but-one syllable, e.g. **ràdio** *rahdyo* (radio).

Welsh letter	English pronunciation
a	a (short) as in 'pat' or ah (long) as in 'part'
b	b
c	k (as in 'kite')
ch	ch (as in Scottish 'loch')
d	d
dd	th (as 'th' in that)
e	eh (short) as in 'then' or é (long) as in 'café'; or ee after 'a' and 'o' as in 'queen'
f	v
ff	ff
g	g (always hard, as in 'go')
ng	ng (usually as in 'king')
h	h
i	can be short as in 'win' or ee (long) ee as in 'see'
j	j
l	l

Welsh letter	English pronunciation
ll	ll (voiceless 'l', pronounced by blowing between tongue and palate)
m	m
n	n
o	can be short as in 'lot' or oh (long) as in 'coal'
p	p
ph	ph
r	r (always voiced as in 'run')
rh	rh
s	s (always voiceless as in 'sun')
t	t
th	th (voiceless, as in 'thing')
u	ee as in 'see', but in north Wales it corresponds to French 'u' or German 'ü'
w	oo, short as in 'good', or long as in 'cool'
y	uh as in 'under', or short 'i' as in 'bin' or long 'ee' as in 'see'

(The letters 'w' and 'y' are vowels in Welsh.)

Note the following combination of letters:

ei	ay as in 'May'
eu	ay as in 'May'
ai	ahee as in 'Dai'
oe	oy as in 'boy'
oi	oy as in 'boy'
wy	ooee
aw	ahoo as in German 'Haus'

â (*ah*), ê (*eh*), î (*ee*), ô (*oh*), û (*ee*), ŵ(*oo*), ŷ (*ee*)

When a plural word ends in 'au', it can be pronounced as 'ahee', or 'eh' (in southern Wales) or 'ah' (in northern Wales).

OFTEN ASKED QUESTIONS

Canolfan Mileniwm Cymru
Wales Millennium Centre

Creu gwir fel gwydr o ffwrnais awen —
'creating truth like glass from the furnace of the muse.'
Even the poetic Welsh at the front of the Millenium Centre isn't
really difficult – now learn some everyday phrases that will
make you understood by ordinary Welsh speakers.

SITUATIONS

HELLO!

How are you?	**Shwd y'ch chi?; Sut ydych chi?**	*shood eech chee; sit uhdich chee*
Hello!	**Helo!**	*helo!*
Hello!	**Shwmae!**	*shoomahee*
Very well, thanks.	**Da iawn diolch.**	*dah yahoon deeolch*
All right, thanks.	**Iawn, diolch.**	*yahoon deeolch*
And you?	**A chi?**	*ah chee*
Nice to meet you.	**Braf cwrdd â chi.**	*brahv koordd ah chee*
Good health!	**Iechyd da!**	*iechid da*
Good morning!	**Bore da!**	*boreh dah*
Good afternoon!	**Pnaw'n da!**	*pnahoon dah*
Good evening!	**noswaith dda!**	*nosooehth ddah!*
Good night!	**Nos da!**	*nohs dah*
Good-bye.	**Hwyl / Hwyl fawr**	*hooeel / hooeel vahoor*
See you!	**Gwela i chi!; Gwela i ti!**	*gooehlah ee chee; gooehlah ee tee*
Excuse me.	**Esgusodwch fi.**	*esgisodooch vee*
You're welcome.	**Croeso.**	*croeesoh*
Please.	**Os gwelwch yn dda.**	*os gooehlooch uhn dda*
Thanks. Thank you.	**Diolch.**	*deeolch*
Thank you very much.	**Diolch yn fawr iawn.**	*deeolch uhn vahoor yahoon*
OK	**Iawn.**	*eeahoon*
Yes.	**Ie.**	*ee-eh*
No.	**Na.**	*nah*

THIS IS ME

I'm John Evans.	**John Evans ydw i.**	*John Evans uhdoo ee*
This is Mrs Evans.	**Dyma Mrs Evans.**	*duhma Mrs Evans*
What's your name?	**Beth yw'ch enw chi?**	*behth iooch ehnoo chee*
I'm Welsh (*m.*)	**Cymro ydw i.**	*kuhmro uhdoo ee*
I'm Welsh (*f.*)	**Cymraes ydw i.**	*kuhmraees uhdoo ee*
Here's my wife.	**Dyma 'ngwraig i.**	*duhma vuh ngooraheeg*
Here's my husband.	**Dyma 'ngŵr i.**	*duhma ngoor*
I'm on holiday.	**Rydw i ar wyliau.**	*ruhdoo ee ahr ooeelyeh*
I live in Llanelli.	**Rydw i'n byw yn Llanelli.**	*ruhdoo een bioo uhn Llanelly*
I come from England.	**Rydw i'n dod o Loegr.**	*ruhdoo een dod o loheegehr*
I'm not English.	**Nid Sais ydw i.**	*nid sahees uhdoo ee*

DEAR JOHN

Dear	**Annwyl**	*anooeel*
yours sincerely	**yn gywir**	*uhn guhooir*
best wishes	**dymuniadau gorau**	*duhminyadahee*
kind regards	**cofion gorau**	*kovyon goreh*
lots of love	**llawer o gariad**	*llahooehr o gary*
love	**cariad**	*karyad*

cariad
love

Ionawr
25
January

COMMON PHRASES

May I help?	Ga i helpu?	ga ee helpy
It's great.	Mae'n wych.	maheen weech
I'm tired.	Rydw i wedi blino.	ruhdoo ee ooehdy bleeno
It's all right.	Mae'n iawn.	maheen yahoon
I'm sorry.	Mae'n flin 'da fi.	maheen vleen da vee
I've enjoyed.	Rydw i wedi mwynhau.	ruhdoo ee ooehdy mooeenhahee
It was excellent.	Roedd e'n ardderchog.	roydd ehn ardderchog
O.K.	Iawn.	yahoon
We've had a good time.	Rydyn ni wedi cael amser da.	ruhdin nee ooehdy kaheel amser da
That's it then.	'Na fe te.	na vê te
Don't mention i.	Peidiwch â sôn.	pehydyooch ah sohn
You're welcome.	Croeso.	kroyso
What is he doing?	Beth mae e'n 'neud?	beth mahee en neheed
Now then.	Nawrte.	nahoorteh
You're right.	Rydych chi'n iawn.	ruhdich cheen yahoon
You're very kind.	Rydych chi'n garedig iawn.	rudhich cheen garedig yahoon

HAPPY AND MERRY

Happy birthday	Pen blwydd hapus	pen blooedd hapis
Merry Christmas	Nadolig llawen	nadolig llahooehn
Happy new year	Blwyddyn newydd dda	blooeeddin nehooidd dda
Congratulations	Llongyfarchiadau	llonguhvarchyahdeh

ABOUT TIME

What's the time?		**Faint o'r gloch yw hi?**	*vaheent ohr glohch ioo hee*
	or	**Beth yw'r amser?**	*beth ioor amsehr*
It's ...... o'clock		**Mae hi'n .... o'r gloch**	*mae heen ..... ohr glohch*

1 –**un**	*een*	
2 – **ddau**	*ddahee*	
3 – **dri**	*dree*	
4 – **bedwar**	*bedooahr*	
5 - **bump**	*bimp*	
6 – **chwe**	*chooeh*	
7 – **saith**	*saheeth*	
8 – **wyth**	*ooeeth*	
9 – **naw**	*nahoo*	
10 – **ddeg**	*ddehg*	
11 – **un ar ddeg**	*een ar ddehg*	
12 – **ddeuddeg**	*ddayddehg*	

The numbers undergo soft mutation after 'mae hi'n' and 'i':

5 to – **bum munud i**	*bim minid ee*	
10 to – **ddeg munud i**	*ddehg minid ee*	
quarter to – **chwarter i**	*chooarter ee*	
20 to – **ugain munud i**	*eegehn minid ee*	
25 to – **bum munud ar hugain i**	*bim minid ar hugehn ee*	

It's two o'clock.	**Mae hi'n ddau o'r gloch.**	*mahee heen ddahee ohr glohch*

It's five to ten. **Mae hi'n bum munud i ddeg.** *mae heen bim minid ee ddehg*

There is a similar mutation after 'am' (*at*):
The train goes at three o'clock. **Mae'r trên yn mynd am dri o'r gloch.**

maheer trehn uhn mihnd am dree ohr glohch

5 past – **bum munud wedi**		*bim minid ooehdy*
10 past – **ddeng munud wedi**		*ddeng minid ooehdy*
quarter past – **chwarter wedi**		*chooarter ooehdy*
20 past – **ugain munud wedi**		*eegehn minid ooehdy*
25 past – **bum munud ar hugain wedi**		*bim minid ar heegehn ooehdy*
half past – **hanner awr wedi**		*haner ahoor ooehdy*

It's a quarter past five. **Mae hi'n bum munud wedi pump.** *mahee heen bim minid ooehdy pimp*
It starts at half past four. **Mae e'n dechrau am hanner awr wedi pedwar.**

mahee ehn dechreh am haner aoor ooehdy pedooahr

an hour ago **awr yn ôl** *ahoor uhn ohl*

ON TIME

after supper	**ar ôl swper**	*ar ohl soopehr*
after three	**ar ôl tri**	*ar ohl tree*
at Easter	**adeg y Pasg**	*ahdeg uh pasg*
at Christmas	**adeg y Nadolig**	*ahdeg uh nadolig*
at midday	**ganol dydd**	*gahnol deedd*
at midnight	**ganol nos**	*gahnol nohs*
before breakfast	**cyn brecwast**	*kin brekooast*

before lunch	**cyn cinio**	*kin kinyo*
before tea	**cyn te**	*kin te*
in a minute	**mewn munud**	*mehoon minid*
in a second	**mewn eiliad**	*mehoon aylyad*
in an hour	**mewn awr**	*mehoon ahoor*
in half an hour	**mewn hanner awr**	*mehoon haner ahoor*
last year	**y llynedd**	*uh lluhnedd*
next week	**wythnos nesa'**	*ooeethnos nehsa*
next year	**y flwyddyn nesa'**	*uh vlooeeddin nehsa*
this afternoon	**prynhawn 'ma**	*pruhnhaoon ma*
this evening	**heno**	*hehno*
this morning	**bore 'ma**	*boreh ma*
this year	**eleni**	*elehny*
tomorrow	**yfory**	*uhvoree*
tomorrow morning	**bore 'fory**	*boreh vohry*
tomorrow night	**nos yfory**	*nohs uhvory*
tonight	**heno**	*hehno*
yesterday	**ddoe**	*ddohee*
it's late	**mae hi'n hwyr**	*mahee heen hooeer*
it's early	**mae hi'n gynnar**	*mahee heen guhnar*
it's on time	**mae'n brydlon**	*maheen brudlon*
it's time for food	**mae'n amser bwyd**	*maheen amsehr booeed*
it's time to go	**mae'n amser mynd**	*maheen amsehr mihnd*
we're early	**ry'n ni'n gynnar**	*reen neen guhnar*
I'm late	**dwi'n hwyr**	*dooeen hooeer*

13

The weather's fine.	**Mae'r tywydd yn braf.**	*maheer tuhooidd uhn brahv*

It's..	**Mae hi'n...**	*mahee heen*
... fine	**braf**	*brahv*
... cold	**oer**	*oheer*
... wet	**wlyb**	*ooleeb*
... raining	**bwrw glaw**	*booroo glahoo*
... sunny	**heulog**	*haylog*
It will be...	**Bydd hi'n...**	*beedd heen*
... snowing	**bwrw eira**	*booroo ayrah*
... windy	**wyntog**	*oointog*
... very cold	**oer iawn**	*oheer yahoon*
... cloudy	**gymylog**	*guhmuhlog*
... hot	**boeth**	*boheeth*

Is it going to be fine?	Yes	No
Fydd hi'n braf?	**Bydd**	**Na**
veedd heen brahv	*beedd*	*nah*

Will the weather get better?	Yes	No
Fydd y tywydd yn gwella?	**Bydd**	**Na**
veedd uh tuhooidd uhn gooehlla	*beedd*	*nah*

It's going to ...
Mae hi'n mynd i ... *mahee heen mihnd i*

... rain	**fwrw glaw**
	vooroo glahoo
... be fine	**fod yn braf**
	vohd uhn brav
... be dry	**fod yn sych**
	vohd uhn seech

Do I need to take a coat?	Yes	No
Oes angen i fi fynd â chot?	**Oes**	**Na**
oys angehn ee vee vind ah chot	*oys*	*nah*

SIGNS

Some signs you might see:

bank	**banc**	*bank*
beach	**traeth**	*traheeth*
bed and breakfast	**gwely a brecwast**	*gooehly a brekooast*
bridge	**pont**	*pont*
bus station	**gorsaf bysiau**	*gorsav buhsyahee*
café	**caffe**	*kapheh*
car park	**maes parcio**	*maees parkeeo*
castle	**castell**	*kastell*
closed	**ar gau**	*ar gahee*
college	**coleg**	*kolehg*
danger	**perygl**	*perigl*
entry	**mynedfa**	*muhnedva*
exit	**allanfa**	*allanva*
for sale	**ar werth**	*ar ooerth*
gentlemen	**dynion**	*duhnyon*
hospital	**ysbyty**	*uhsbuhty*
hotel	**gwesty**	*gooehstee*
information	**gwybodaeth**	*gwibodaeeth*
ladies	**merched**	*merched*
library	**llyfrgell**	*lluhvrgell*
market	**marchnad**	*marchnad*
museum	**amgueddfa**	*amgee-eddva*
no smoking	**dim ysmygu**	*dim uhsmuhgee*
no waiting	**dim aros**	*dim aros*

Canolfan Mileniwm Cymru
Wales Millennium Centre

Y Porth

Theatr Donald Gordon
Donald Gordon Theatre
Seddi 1 - 28 / Seats 1 - 28 ↑

Ystafelloedd Derbyn 1, 2 & 5 ↑
Function Rooms 1, 2 & 5

♿ Maes Parcio / ♿ Car Park ↑

Tocynnau / Tickets →

Gwybodaeth / Information →

Cotiau / Coats →

15

Promenâd
Promenade

Castell
Castle

Tref Gaerog
Walled Town

Canol...

Toiledau
Toilets

Tripiau Cychod
Boat Trips

Doc Victoria / Promenâd
Victoria Dock / Promenade

English	Welsh	Pronunciation
open	**ar agor**	*ar agor*
post office	**swyddfa'r post**	*sooeeddvar post*
school	**ysgol**	*uhsgol*
services	**gwasanaethau**	*gwasanaheethahee*
slow	**araf**	*arav*
station	**gorsaf**	*gorsav*
taxi	**tacsi**	*taxi*
telephone	**ffôn**	*phohn*
theatre	**theatr**	*the-ahtr*
tickets	**tocynnau**	*tokuhneh*
timetable	**amserlen**	*amsehrlehn*
toilets	**toiledau**	*toylehdeh*
town centre	**canol y dref**	*kanol uh drev*
town hall	**neuadd y dref**	*neheeadd uh drev*
trains	**trenau**	*trehneh*
university	**prifysgol**	*preevuhsgol*
waiting room	**ystafell aros**	*uhstavell aros*
welcome	**croeso**	*croyso*

17

Where is/are the...?	Ble mae'r...?	*bleh maheer*
bank	**banc**	*bank*
bar	**bar**	*bar*
barber	**barbwr**	*barboor*
bus stop	**safle bws**	*savleh boos*
bus station	**orsaf fysiau**	*orsav vuhsyeh*
buses	**bysiau**	*buhsyeh*
butcher	**cigydd**	*keegidd*
café	**caffe**	*kapheh*
car park	**maes parcio**	*mahees parkyo*
cinema	**sinema**	*sinema*
clothes shop	**siop ddillad**	*shop ddillad*
leisure centre	**ganolfan hamdden**	*ganolvan hamdden*
library	**llyfrgell**	*lluhvrgell*
museum	**amgueddfa**	*amgyehddva*
nearest bank	**banc agosa'**	*bank agosa*
optician	**optegydd**	*optegidd*
police station	**orsaf heddlu**	*orsav heddly*
shops	**siopau**	*shopeh*
shopping centre	**ganolfan siopa**	*ganolvan shopa*
theatre	**theatr**	*thehatr*
tourist office	**ganolfan groeso**	*ganolvan groyso*
town hall	**neuadd y dref**	*nehyadd uh drév*
train station	**gorsaf drenau**	*gorsav drehneh*

Optegydd

Clive Williams BSc, FCOptom
Gwyneth Thomas BSc, MCOptom

CANOLFAN
HAMDDEN
glaslyn

BUTCHER
CIGYDD

BARBWR

CAERNARFON
LLYFRGELL LIBRARY

ORIAU AGOR   OPENING HOURS
LLYFRGELL CAERNARFON LIBRARY

Llun   10.00–7.00 Monday
Mawrth   10.00–7.00 Tuesday
Mercher   10.00–1.00 Wednesday
Iau   10.00–7.00 Thursday
Gwener   10.00–7.00 Friday
Sadwrn   9.00–1.00   Saturday

It is...		**Mae e...**	*mahee eh*
	by the entrance	**wrth y fynedfa**	*oorth uh vuhnedva*
	here	**yma**	*uhma*
	in front of the building	**o flaen yr adeilad**	*o vlaheen uhr adaylad*
	in front of you	**o'ch blaen chi**	*ohch blaheen chee*
	in the shop	**yn y siop**	*uhn uh shop*
	on the left	**ar y chwith**	*ar uh chooeeth*
	on the right	**ar y dde**	*ar uh ddeh*
	on this floor	**ar y llawr yma**	*ar uh llahoor uhma*
	outside	**tu allan**	*tee allan*
	over there	**fan'na**	*vana*
	round the corner	**rownd y gornel**	*rohoond uh gornehl*
	straight ahead	**yn syth ymlaen**	*uhn seeth uhmlaheen*

I am looking for the...		**Dw i'n chwilio am y...** (**yr** *before vowels*) *doo een chooilyo am uh (uhr)*
	art gallery	**oriel gelf** — *oriehl gehlv*
	beach	**traeth** — *traheeth*
	castle	**castell** — *kastehll*
	chemist	**fferyllydd** — *pheruhllidd*
	hotel	**gwesty** — *gooehstee*
	market	**farchnad** — *varchnad*
	station	**orsaf** — *orsav*
	Welsh book shop	**siop lyfrau Cymraeg** *shop luhvreh kuhmraheeg*

Go...		**Ewch**	*ehooch...*
	then	**yna**	*uhna*
	turn...	**trowch...**	*trohooch...*

20

English	Welsh	Pronunciation
to the left	**i'r chwith**	*eer chooeeth*
to the right	**i'r dde**	*eer ddeh*
straight ahead	**yn syth ymlaen**	*uhn seeth uhmlaheen*
Where can I get....?	**Ble galla i gael... ?**	*bleh galla ee gaheel*
a present	**anrheg**	*anrhehg*
a bus	**bws**	*boos*
a toilet	**tŷ bach**	*tee bach*
a drink	**diod**	*deeod*
a ticket	**tocyn**	*tokin*
money	**arian**	*ahryan*
some food	**bwyd**	*booeed*
a telephone	**ffôn**	*phohn*
When does the...?	**Pryd mae'r...?**	*preed maheer*
shop open	**siop yn agor**	*shop uhn agor*
pub close	**dafarn yn cau**	*davarn uhn kahee*

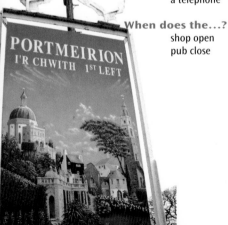

English	Welsh	Pronunciation
I'm learning Welsh.	**Rydw i'n dysgu Cymraeg.**	*ruhdoo een duhsgee kuhmraheeg*
I don't speak Welsh.	**Dydw i ddim yn siarad Cymraeg.**	*duhdoo ee ddim uhn sharad kuhmraheeg*
Do you speak English?	**Ydych chi'n siarad Saesneg?**	*uhdich cheen sharad saheesneg*
Speak slowly.	**Siaradwch yn araf.**	*sharadooch uhn arav*
Could you say it again?	**Allech chi'i ddweud e eto?**	*allehch chee ddooayd eh eto*
I don't understand.	**Dydw i ddim yn deall.**	*duhdoo ee ddim uhn dehall*
Can you help me?	**Allwch chi fy helpu i?**	*allooch chee vuh helpee ee*
Can you translate this?	**Allwch chi gyfieithu hwn?**	*allooch chee guhvyaythee hoon?*
Write it down.	**Ysgrifennwch e**	*uhsgrivenooch eh*
It's not in the book.	**Dyw e ddim yn y llyfr.**	*dioo eh ddim uhn uh lluhvir*
How do you say it?	**Sut ydych chi'n 'i ddweud e?**	*sit uhdich cheen ddooayd e*
I don't know.	**Wn i ddim.**	*oon ee ddim*
Thanks for your help.	**Diolch am eich help.**	*deeohlch am aych help*
What is … in English?	**Beth yw … yn Saesneg?**	*beth ioo … uhn saheesnehg*
What is … in Welsh?	**Beth yw … yn Gymraeg?**	*beth ioo … uhn guhmraheeg*
What do you want?	**Beth ydych chi'n moyn?**	*beth uhdich cheen moheen*
What's the matter?	**Beth sy'n bod?**	*beth seen bohd*
Can we telephone?	**Allwn ni ffonio?**	*alloon nee phonyo*
Do you have the number?	**Ydy'r rhif gyda chi?**	*uhdeer rheev guhda chee*
I have no money.	**Does dim arian 'da fi.**	*dohs dim aryan da vee*
I can't find my bag.	**Dw i ddim yn gallu ffeindio fy mag i.**	*dooee ddim uhn gally ffindo vuh mag ee*
Someone has stolen my wallet.	**Mae rhywun wedi dwyn fy waled.**	*mahee rhiooin ooehdy dooeen vuh ooahled*
Where is the police station?	**Ble mae gorsaf yr heddlu?**	*bleh mahee gorsav uhr heddly*
I've got nowhere to stay.	**Does dim lle 'da fi i aros.**	*dohees dim lleh da vee ee aros*
Where is the nearest doctor?	**Ble mae'r meddyg agosa?**	*ble maheer meddig agosa*

English	Welsh	Pronunciation
Where is the museum?	**Ble mae'r amgueddfa?**	*Bleh maheer amgee-ehddva*
Is the castle open?	**Ydy'r castell ar agor?**	*uhdeer kastehll ar agor*
What is the entrance fee?	**Beth yw'r tâl mynediad?**	*behth ioor tahl muhnedyad*
Can we take photographs?	**Allwn ni dynnu lluniau?**	*alloon nee duhny llinyeh*
What time does the gallery open?	**Pryd mae'r oriel yn agor?**	*preed maheer oryel uhn agor*
Is it open on Monday?	**Ydy e ar agor ddydd Llun?**	*uhdee eh ar agor ddeedd lleen*
What is this place's history?	**Beth yw hanes y lle 'ma?**	*behth ioo hanehs uh lle ma*
Can I buy a brochure?	**Alla i brynu llyfryn?**	*alla ee bruhny lluhvrin*
Have you got postcards?	**Oes cardiau post gyda chi?**	*oys kardyeh post guhda chee*
Is there a good view?	**Oes golygfa dda?**	*oys goluhgva ddah*
Do you sell calendars?	**Ydych chi'n gwerthu calendrau?**	*uhdich cheen gooehrthy kalehndreh*
How much does it cost?	**Beth yw'r gost?**	*behth ioor gost*

ORIEL GELF
Rob Piercy
ART GALLERY
Yn ôl,1af ar y chwith
Turn back, 1st Left

TY HYLL

Eryri
SNOWDONIA
SOCIETY

THE UGLY HOUSE

23

Have you got a table?	**Oes bwrdd gyda chi?**	*oys boordd guhda chee*
I would like to book a table for tonight / tomorrow night.	**Fe hoffwn i gadw bwrdd am heno / nos yfory.**	
		veh hophoon ee gahdoo boordd am hehno / nos uhvory
May we have the menu, please.	**Allwn ni gael y fwydlen, os gwelwch yn dda.**	*alloon nee gahl uh*
		vooeedlehn os gooehlooch uhn ddah
Can you recommend anything?	**Allwch chi argymell rhywbeth?**	*allooch chee arguhmell rhioobeth*
Will we have to wait a while?	**Fydd rhaid i ni aros tipyn?**	*veedd rhaheed ee nee aros tipin*

May I have...

	Alla i gael...	*alla ee gahl*
... a soup	**cawl**	*kahool*
... beef	**cig eidion**	*keeg aydyon*
... chicken	**cyw**	*kioo*
... fish	**pysgodyn**	*puhsgodin*
... lamb	**cig oen**	*keeg oheen*
... melon	**melon**	*mehlon*
... omelette	**omled**	*omlehd*
... pie	**pei**	*pay*
... pork	**porc**	*pork*
... sausages	**selsig**	*sehlsig*

with...

	gyda...	*guhda*
... salad	**salad**	*salad*
... vegetables	**llysiau**	*lluhsyeh*
... potatoes	**thatws**	*thatoos*
... roast potatoes	**tatws rhost**	*tatoos rhost*
... chips	**sglodion**	*sglodyon*

Yr Orendy

25

FFA COSTA

ERS EI SEFYDLAU GAN 2 FRAWD O'R EIDAL YM 1971 MAE
COSTA WEDI BOD YN DEWIS A DETHOL EU FFA YN OFALUS A
HYNNY O SAWL FFYNHONNELL LEDLED Y BYD MAENT FELLY
YN CYNNIG SYLFAEN BERFFAITH I'R COFFI GORAU POSIB

RHOSTIO ARAF

OND MAE MWY IDDI NA HYNNY. GORAU PO ARAF YW'R BROSES
RHOSTIO GAN MAI GWELL FYTH FYDD SAFON Y COFFI A GEIR

BLAS LLAWNACH

MAE'R RHOSTIO ARAF YN LLEIHAU PRESENOLDEB BLAS ASID,
CHWERW A CHRAS. O GANLYNIAD MAE COFFI COSTA AG AROGLAU
HYFRYD A BLAS LLAWNACH – CYFRWNG I CHI FELLY FWYNHAU
COFFI AR EI ORAU –

I would like to have...	Fe hoffwn i gael...	*veh hophoon ee gaheel*
... a glass of white wine	... gwydraid o win gwyn	*... gooidrehd o ooeen gooin*
... a glass of red wine	... gwydraid o win coch	*... gooidrehd o ooeen kohch*
... a bottle of white wine	... potelaid o win gwyn	*... potehlehd o ooeen gooin*
... a glass of water	... gwydraid o ddŵr	*... gooidrehd o ddoor*
... a glass of lemonade	... gwydraid o lemwnêd	*... gooidrehd o lemoonehd*
... half a pint of beer	... hanner peint o gwrw	*... hanehr paynt o gooroo*
... a pint of beer	... peint o gwrw	*... paynt o gooroo*
... a pint of lager	... peint o lager	*... paynt o lager*
... a bottle of beer	... potelaid o gwrw	*... potehlehd o gooroo*
... a jug of water	... jwged o ddŵr	*... joogehd o ddoor*
... fruit juice	... sudd ffrwythau	*... seedd phrooeetheh*
... a cup of coffee	... cwpaned o goffi	*... koopahnehd o gophee*
... a cup of tea	... cwpaned o de	*... koopanehd o deh*
... two coffees	... dau goffi	*... dahee gophee*
... with milk (N.W.)	gyda llefrith	*guhda llevrith*
... (S.W.)	gyda llaeth	*guhda llaheeth*
... without milk (N.W.)	heb lefrith	*hehb llevrith*
(S.W.)	heb laeth	*hehb laheeth*
... with sugar	gyda siwgr	*guhda shoogoor*
... with cream	gyda hufen	*guhda heevehn*

tart	**tarten**	*tahrtehn*
toast	**tost**	*tost*
tomato	**tomato**	*tomato*
trout	**brithyll**	*brithill*
vegetables	**llysiau**	*lluhsyeh*
vinegar	**finegr**	*vinehgr*

May I have the bill, please?	Ga i'r bil os gwelwch yn dda?	*ga eer bil os gooehlooch uhn ddah*
The bill is not correct.	Dyw'r bil ddim yn iawn.	*dihoor bil ddim uhn yahoon*
Keep the change.	Cadwch y newid.	*kadooch uh nehooid*
May I use my credit card?	Alla i ddefnyddio fy ngherdyn?	*alla ee ddehvnuhddyo vuh ngherdin*
We'll see you again.	Fe welwn ni chi eto.	*veh ooehloon nee chee eto*
Good-bye.	Pob hwyl.	*pob hooeel*

FOOD

May we have...	Allwn ni gael...	*alloon nee gaheel*
apple	afal	*aval*
baked potatoes	tatws pob	*tatoos pohb*
beans	ffa	*pha*
beef	eidion	*aydyon*
boiled egg	wy wedi'i ferwi	*ooee ooehdy verooy*
bread	bara	*bara*
biscuits	bisgedi	*bisgehdy*
butter	menyn	*mehnin*
cabbage	bresych	*brehsich*
cake	teisen	*tayshehn*
carrots	moron	*mohron*
cheese	caws	*kahoos*
chicken	cyw iâr	*kioo yahr*
chips	sglodion	*sglodyon*

HALEN
SALT

28

English	Welsh	Pronunciation
curry	cyri	*kuhry*
dessert	pwdin	*poodin*
egg	wy	*ooee*
fish	pysgodyn	*puhsgodin*
fried egg	wy wedi'i ffrio	*ooee ooehdy phryo*
fruit	ffrwythau	*phrooeetheh*
grapes	grawnwin	*grahoonooin*
ham	ham	*ham*
ice cream	hufen iâ	*heevehn yah*
lamb	oen	*oyn*
laver bread	bara lawr	*bara lahoor*
leek	cennin	*kehnin*
lemon	lemwn	*lehmoon*
lettuce	letys	*lehtis*
meat	cig	*keeg*
omelette	omled	*ohmlehd*
onion	wynwyn	*ooinooin*
orange	oren	*ohren*
peas	pys	*pees*
pepper	pupur	*pipir*
pork	porc	*pork*
potatoes	tatws	*tatoos*
rice	reis	*rays*
salad	salad	*salad*
salt	halen	*hahlehn*
sauce	saws	*sahoos*
sausage	selsig	*sehlsig*
soup	cawl	*kahool*

IN THE PUB

May I have a pint, please?	**Ga i beint os gwelwch yn dda?**	*ga ee baynt os gooehlooch uhn ddah*
A pint of beer and a glass of wine.	**Peint o gwrw a gwydraid o win.**	*paynt o gooroo a gooidrehd o ooeen*
Half a pint of lager.	**Hanner peint o lager.**	*hahner paynt o lahger*
Do you make food?	**Ydych chi'n gwneud bwyd?**	*uhdich cheen goonayd booeed*
It's my round.	**Fy rownd i yw hi.**	*vuh rohoond ee ioo hee*
Do you have a beer garden?	**Oes gardd gwrw gyda chi?**	*oys gardd gooroo guhda chee*

Where is the...	Ble mae'r...	*bleh maheer*
bar	**bar**	*bahr*
lounge	**lolfa**	*lolva*
toilet	**tŷ bach**	*tee bach*
gentlemen	**dynion**	*duhnyon*
ladies	**merched**	*mehrchehd*

In the pub

DRINKS

English	Welsh	Pronunciation
apple juice	**sudd afal**	*seedd aval*
beer	**cwrw**	*kooroo*
black coffee	**coffi du**	*kophy dee*
brandy	**brandi**	*brandy*
champagne	**siampaen**	*siampaeen*
coffee	**coffi**	*kophy*
cream	**hufen**	*heevehn*
dry wine	**gwin sych**	*gooeen seech*
gin	**jin**	*jin*
juice	**sudd**	*seedd*
lager	**lager**	*lager*
lemonade	**lemwnêd**	*lehmoonehd*
milk (S.W.)	**llaeth**	*llaheeth*
milk (N.W.)	**llefrith**	*llevrith*
non-alcoholic	**dialcohol**	*deealkohol*
orange juice	**sudd oren**	*seedd orehn*
red wine	**gwin coch**	*gooeen kohch*
sweet wine	**gwin melys**	*gooeen mehlis*
tea	**te**	*teh*
water	**dŵr**	*door*
whiskey	**whisgi**	*hooisgy*
white wine	**gwin gwyn**	*gooeen gooin*
wine	**gwin**	*gooeen*

Fizz

Bar Siampaen a Gwin
Champagne and Wine Bar

→

The ... is not clean.
Dyw'r ... ddim yn lân.
dioor ... ddim uhn lahn

... tablecloth	**lliain**	*llyehn*
... fork	**fforc**	*phork*
... glass	**gwydryn**	*gooidrin*
... knife	**gyllell**	*guhllell*
... plate	**plât**	*plaht*
... spoon	**llwy**	*llooee*
... table	**bwrdd**	*boordd*

GOING TO CHAPEL

Where is the chapel?	**Ble mae'r capel?**	*bleh maheer kapehl*
Is there a Welsh service on Sunday?	**Oes gwasanaeth Cymraeg ddydd Sul?**	*oys gooasanaheeth kuhmraheeg ddeedd seel*
Who is the minister?	**Pwy yw'r gweinidog?**	*pooee ioor gooayneedog*
What time is the service?	**Pryd mae'r gwasanaeth?**	*preed maheer gooasanaheeth*

SHOPPING

English	Welsh	Pronunciation
Do you sell… ?	**Ydych chi'n gwerthu…?**	*uhdich cheen gooehrthy*
Do you have…?	**Oes … gyda chi?**	*oys … guhda chee*
I would like to have…	**Fe hoffwn i gael…**	*veh hophoon ee gaheel*
Where are the…	**Ble mae'r …**	*bleh maheer*
Where is the main street for shopping?	**Ble mae'r brif stryd siopa?**	*bleh maheer breev streed shopa*
Where is the Welsh bookshop?	**Ble mae'r siop llyfrau Cymraeg?**	*bleh maheer shop lluhvreh kuhmraheeg*
Where can I buy…?	**Ble galla i brynu…?**	*bleh galla ee bruhny*
I am looking for a…	**Rwy'n chwilio am…**	*rooeen chooilyo am*
I like this one.	**Rwy'n hoffi hwn.**	*rooeen hophy hoona*
I like that one.	**Rwy'n hoffi hwnna.**	*rooeen hophy hoona*
This is rather expensive.	**Mae hwn braidd yn ddrud.**	*mahee hoon braheedd uhn ddreed*
This is too big.	**Mae hwn yn rhy fawr.**	*mahee hoon uhn rhee vahoor*
This is too small.	**Mae hwn yn rhy fach.**	*mahee hoon uhn rhee vach*
Do you have anything else?	**Oes rhywbeth arall 'da chi?**	*oys rhiooebeth arall da chee*
How much does it cost?	**Beth yw'r pris?**	*behth ioor prees*
How much is it?	**Faint yw e?**	*vaheent ioo eh*
May I have a pound of…?	**Ga i bwys o…?**	*ga ee booees o*
Half a pound of… please.	**Hanner pwys o … os gwelwch yn dda.**	*hanehr pooees o … os gooehllooch uhn ddah*
Four ounces of…	**Pedair owns o …**	*pehdaheer ohoons o*
May I pay with a credit card?	**Alla i dalu â cherdyn?**	*alla ee dahly ah chehrdin*
I don't like that one.	**Dw i ddim yn hoffi hwn'na.**	*doo ee ddim uhn hophy hoona*

MARKETS AND SUPERMARKETS

How much is/are the...?	Faint yw'r...?	*vaheent ioor*
apples	**afalau**	*avaleh*
bread	**bara**	*bara*
butter	**menyn**	*mehnin*
cakes	**teisennau**	*taysehneh*
cereals	**grawnfwyd**	*grahoonvooeed*
eggs	**wyau**	*ooee-eh*
fish	**pysgod**	*puhsgod*
frozen food	**bwyd rhew**	*booeed rhehoo*
fruit	**ffrwythau**	*phrooeetheh*
ice cream	**hufen iâ**	*heevehn yah*
jam	**jam**	*jam*
meat	**cig**	*keeg*
oranges	**orenau**	*orehneh*
soap	**sebon**	*sehbon*
sugar	**siwgr**	*shoogoor*
tins	**tuniau**	*tinyeh*
toilet paper	**papur tŷ bach**	*papir tee bach*
vegetables	**llysiau**	*lluhsyeh*
washing powder	**powdr golchi**	*pohoodoor golchy*

(for more foods, see under 'Eating out')

I can't find the...	**Dw i ddim yn gallu ffeindio'r...**	*doo ee ddim uhn gally phayndyor*
Do you have change?	**Oes newid gyda chi?**	*oys nehooid guhda chee*
I'm looking for the...	**Rwy'n chwilio am y...**	*rooeen chooilyo am uh*
Six eggs, please.	**Chwech o wyau os gwelwch yn dda.**	*chooehch o ooee-eh os gooehlooch uhn ddah*

Markets & supermarkets

35

English	Welsh	Pronunciation
Half a pound of butter	**Hanner pwys o fenyn**	*hanehr pooees o venin*
A box of matches	**Blwch o fatsys**	*blooch o vatshis*
Half a kilo of apples	**Hanner cilo o afalau**	*hanehr keelo o avaleh*
Two oranges	**Dwy oren**	*dooee orehn*
A pint of milk	**Peint o laeth**	*paynt o laheeth*
A slice of ham	**Tafell o ham**	*tavehll o ham*
A bar of chocolate	**Bar o siocled**	*bar o shoklehd*
A packet of crisps	**Pecyn o greision**	*pehkin o graysyon*
A packet of biscuits	**Pecyn o fisgedi**	*pekin o visgehdy*
A pound of cheese	**Pwys o gaws**	*pooees o gahoos*
A tin of soup	**Tun o gawl**	*tin o gahool*
A bottle of wine	**Potelaid o win**	*potehlehd o oo-een*
Can I help you?	**Alla i'ch helpu chi?**	*alla eech hehlpy chee*
Do you want anything else?	**Ydych chi eisiau rhywbeth arall?**	*uhdich chi eesheh rhioobeth arall*

newyddion a chylchgronau
bwyd ffres
prydau parod
ffrwythau a llysiau

diodydd oer   bwydydd   bwyd ffres   melysion   talu biliau   cardiau ffôn symudol

AT THE CHEMIST

Do you have something for...   **Oes rhywbeth gyda chi ar gyfer...**   *oys rhioobeth guhda chee ar guhver*

a cold	**annwyd**	*anooid*
a headache (N.W.)	**cur pen**	*keer pen*
(S.W.)	**pen tost**	*pen tost*
backache	**cefn tost**	*kevn tost*
a cough	**peswch**	*pesooch*
diarrhoeia	**dolur rhydd**	*dolir rheedd*
pain	**poen**	*poyn*
a sore throat (N.W.)	**dolur gwddf**	*dolir gooddv*
(S.W.)	**llwnc tost**	*lloonk tost*
a stomach ache	**stumog tost**	*stimog tost*
fever	**gwres**	*goorehs*

Is it safe for children?   **Ydy e'n ddiogel i blant?**   *uhdee ehn ddyogehl ee blant*

How often should I take it?   **Pa mor aml dylwn i'i gymryd e?**   *pa mor aml duhloon ee guhmrid eh*

I would like...   **Rydw i eisiau...**   *ruhdw ee eesheh*

a bandage	**rhwymyn**	*rhooeemin*
hand cream	**hufen dwylo**	*heevehn dooeelo*
ointment	**eli**	*ehly*
pain killer	**lladdwr poen**	*lladdoor poyn*
shampoo	**siampŵ**	*shampoo*
shaving cream	**hufen eillio**	*heevehn ayllyo*
soap	**sebon**	*sebon*
sun cream	**hufen haul**	*heevehn haheel*
toothpaste	**past dannedd**	*past danedd*

38

AT THE DOCTOR'S OR DENTIST'S

May I see a doctor?	**Ga i weld meddyg?**	*ga ee ooehld meddig*
I would like to see a dentist.	**Rydw i eisiau gweld deintydd.**	*ruhdoo ee eesheh gooehld dayntidd*
May I make an appointment?	**Ga i wneud apwyntiad?**	*ga ee oonayd apooeetyad*
What is wrong with you?	**Beth sy'n bod arnoch chi?**	*behth seen bod arnoch chee*
I'm not feeling well.	**Dydw i ddim yn teimlo'n dda.**	*duhdoo ee ddim uhn taymlon ddah*
I have a toothache.	**Mae'r ddannodd arna i.**	*maheer ddanodd arna ee*
Do you have a fever?	**Oes gwres arnoch chi?**	*oys goorehs arnoch chee*
Where is the pain?	**Ble mae'r boen?**	*ble maheer boyn*

When did you become sick?	**Ers pryd ydych chi'n sâl? (N.W.)**	*ehrs preed uhdich cheen sahl*
	Ers pryd ydych chi'n dost? (S.W.)	*ehrs preed uhdich cheen dost*
Do you feel weak?	**Ydych chi'n teimlo'n wan?**	*uhdich cheen taymlon wan*
I have a sore...	**Mae ... tost 'da fi.**	*mahee... tost da vee*
back	**cefn**	*kevn*
head	**pen**	*pen*
throat	**llwnc**	*lloonk*
tooth	**dant**	*dant*
I have a sore...	**Mae ... dost 'da fi.**	*mahee ... dost da vee*
arm	**braich**	*braheech*
foot	**troed**	*troyd*
hand	**llaw**	*llahoo*
leg	**coes**	*koys*
I have broken my...	**Rwy wedi torri fy...**	*rooee ooehdy tory vuh*
leg	**nghoes**	*nghohees*
arm	**mraich**	*mraheech*
hand	**llaw**	*llahoo*
foot	**nhroed**	*nhroyd*
finger	**mys**	*mees*
rib	**asen**	*asehn*
I am pregnant.	**Rwy'n feichiog.**	*rooeen vaychyog*
I'm on the pill.	**Rwy ar y bilsen.**	*ooee ar uh bilsen*
I'm diabetic.	**Rwy'n ddiabetig.**	*rooeen ddyahbetig*
I'm taking...	**Rwy'n cymryd...**	*rooeen kuhmrid*
I need an ambulance	**Mae angen ambiwlans arna i.**	*mahee angen ambioolans arna ee*
My mouth hurts.	**Mae 'ngheg i'n boenus.**	*mahee nghehg een boynis*
The filling has come out.	**Mae'r llenwad wedi dod allan.**	*maheer llenooad ooehdy dod allan*
My tooth is broken.	**Mae 'nant i wedi torri.**	*mahee nant ee ooehdy tohry*
That hurts.	**Mae hynny'n brifo.**	*mahee huhneen breevo*

Other parts of the body:

ankle	**migwrn**	*meegoorn*
back	**cefn**	*kevn*
bone	**asgwrn**	*asgoorn*
breast	**bron**	*bron*
chest	**brest**	*brest*
ear	**clust**	*klist*
elbow	**penelin**	*penelin*
eye	**llygad**	*lluhgad*
face	**wyneb**	*ooeeneb*
finger	**bys**	*bees*
foot	**troed**	*troyd*
hand	**llaw**	*llahoo*
heart	**calon**	*kalon*
knee	**pen-lin**	*penleen*
mouth	**ceg**	*kehg*
neck	**gwddf**	*gooddv*
nose	**trwyn**	*trooeen*
skin	**croen**	*kroyn*
throat	**llwnc**	*lloonk*
wrist	**arddwrn**	*arddoorn*

Ystafell Cymorth Cyntaf
First Aid Room

BUYING CLOTHES

I'm looking for a...	Rwy'n chwilio am...	*rooen chooilyo am*
suit	**siwt**	*sioot*
skirt	**sgert**	*sgehrt*
scarf	**sgarff**	*sgarph*
shoes	**sgidiau**	*sgidyeh*
jumper	**siwmper**	*shoompehr*
socks	**sanau**	*saneh*
jacket	**siaced**	*shakehd*
jeans	**jîns**	*jeens*
sandals	**sandalau**	*sandahleh*

I would like ...	Rydw i eisiau...	*ruhdoo ee eesheh*
a blouse	**blows**	*blohoos*
coat	**cot**	*kot*
a raincoat	**cot law**	*kot lahoo*
a shirt	**crys**	*krees*
a swimsuit	**siwt nofio**	*sioot novyo*
bra	**bronglwm**	*brongloom*
clothes	**dillad**	*dillad*
trousers	**trowsus**	*trohoosis*
shorts	**siorts**	*shorts*

dillad

dynnnniad wisb

clothing

What size would you like?	**Pa faint y'ch chi eisiau?**	*pa vaheent eech chee eesheh*
Does this fit?	**Ydy hwn yn ffitio?**	*uhdee hoon uhn phityo*
Which colour would you like?	**Pa liw y'ch chi eisiau?**	*pa lioo eeh chee eesheh*
Where can I try this on?	**Ble galla i wisgo hwn?**	*bleh galla ee ooisgo hoon*

Do you have another size?	**Oes maint arall gyda chi?**	*oys maheent arall guhda chee*
Can I bring it back?	**Alla i ddod ag e nôl?**	*alla ee ddod ag eh nohl*

AT THE POST OFFICE

Five stamps, please.	**Pum stamp os gwelwch yn dda.**	*pim stamp os gooelooch uhn ddah*
I would like to send these postcards to America.	**Rydw i eisiau anfon y cardiau post yma i America.**	*ruhdoo ee aysheh anvon uh kardieh post uhma ee amerika*
A telephone card, please.	**Cerdyn ffôn os gwelwch yn dda.**	*kerdin phohn os gooelooch uhn ddah*
I would like to send a parcel to…	**Rydw i eisiau anfon parsel i…**	*ruhoo ee eesheh anvon parsel ee*
A first class stamp please.	**Stamp dosbarth cyntaf os gwelwch yn dda.**	*stamp dosbarth kuhntav os gooelooch uhn ddah*
Ten second class stamps.	**Deg stamp ail ddosbarth.**	*deg stamp aheel ddosbarth*

43

STAYING THE NIGHT

Have you a room for tonight? – Yes – No **Oes stafell gyda chi am heno? – Oes – Na / Nag oes** *oys stavell guhda chee am hehno – oys – nah / nag oys*

Do you have a single room?	**Oes stafell sengl 'da chi?**	*oys stavell sengl da chee*
Do you have a double room?	**Oes stafell ddwbl 'da chi?**	*oys stavell ddoobool da chee*

I would like a single room for one night. **Fe hoffwn i gael stafell sengl am un noson.** *veh hophoon ee gahl stavell sengl am een noson*

We would like a double room for two nights. **Fe hoffen ni gael stafell ddwbl am ddwy noson.** *veh hophen nee gahl stavell ddoobool am ddooee noson*

What is the price per night?	**Beth yw'r pris y noson?**	*beth ioor prees uh noson*
Does it include breakfast? –Yes	**Ydy e'n cynnwys brecwast? –Ydy**	*uhdee ehn kuhnooees brekooast -uhdy*

How much is...	**Faint yw...**	*vaheent ioo*
bed and breakfast	**gwely a brecwast**	*gooehlee a brehkooast*
full-board	**gwely a phob pryd**	*gooehlee a phob preed*

Do you make lunch / supper? **Ydych chi'n gwneud cinio / swper?** *uhdich cheen goonayd kinyo / sooper*

Is the room on the first floor / second floor? **Ydy'r stafell ar y llawr cyntaf / ail lawr?** *uhdeer stavell ar uh llaoor kuhnta / aheel laoor*

When is ...?	**Pryd mae..?**	*preed mahee*
breakfast	**brecwast**	*brekooast*
lunch	**cinio**	*kinyo*
dinner	**bwyd nos**	*booeed nohs*

When does the...?	**Pryd mae'r...?**	*preed maheer*
bar open	**bar yn agor**	*bahr uhn agor*
bar close	**bar yn cau**	*bar uhn kahee*

44

restaurant open	**bwyty'n agor**	*booeeteen agor*
restaurant close	**bwyty'n cau**	*booeeteen kahee*
hotel close	**gwesty'n cau**	*gooehsteen kahee*

Do you have (a).... ?	**Oes .... 'da chi?**	*oys ... da chee*
Yes / No	**Oes / Na / Nag oes**	*oys/ nah / nag oys*
bar	**bar**	*bar*
lift	**lifft**	*lipht*
garage	**garej**	*gahrehj*
menu	**bwydlen**	*booeedlehn*
parking place	**lle i barcio**	*lleh ee barkyo*
safe	**sêff**	*sehph*
swimming pool	**pwll nofio**	*pooll novyo*
telephone	**ffôn**	*phohn*
television	**teledu**	*tehlehdy*

Where is the...	**Ble mae'r...**	*bleh maheer*
bathroom	**stafell ymolchi**	*stahvell uhmolchy*
bedroom	**stafell wely**	*stavehll ooehly*
lounge	**lolfa**	*lolva*
restaurant	**bwyty**	*booeety*
stairs	**grisiau**	*grishyeh*
toilet	**tŷ bach**	*tee bach*
towel	**tywel**	*tuhooehl*

in the ...	**yn y ...**	*uhn uh*
on the ..	**ar y ...**	*ar uh*
first floor	**llawr cyntaf**	*llahoor kuhnta*

ground floor	**llawr gwaelod**	*llahoor gwaheelod*
second floor	**ail lawr**	*aeel lahoor*

May I...? — **Ga i...?** — *ga ee*
Yes / No — **Cewch / Na / Na chewch** — *kehooch / nah / na chehooch*

use the phone	**ddefnyddio'r ffôn**	*ddehvnuhddyor phohn*
have breakfast early	**gael brecwast yn gynnar**	*gaheel brehkooast uhn guhnar*
have a drink	**gael diod**	*gaheel deeod*
use a credit card	**ddefnyddio cerdyn credyd**	*ddehvnuhddyo kehrdin krehdid*

Can you...? — **Allwch chi...?** — *allooch chee*

give me the bill, please	**roi'r bil i fi, os gwelwch yn dda**	*royr bill ee vee os gooehlooch uhn ddah*
give me a receipt	**roi derbynneb i fi**	*roy dehrbuhnehb ee vee*
phone for me, please	**ffonio droso i, os gwelwch yn dda**	*phonyo droso ee os gooehlooch uhn ddah*
recommend a good restaurant	**argymell bwyty da**	*arguhmell booeety dah*

I would like... — **Dw i eisiau...** — *dooee eesheh / dooee eesho [N.W.]*

toilet paper	**papur tŷ bach**	*papir tee bach*
breakfast at eight	**brecwast am wyth**	*brehkooast am ooeeth*
some soap	**sebon**	*sehbon*
to stay another night	**aros noson arall**	*aros noson arall*

When...? — **Pryd... ?** — *preed*

do you want breakfast	**ydych chi am gael brecwast**	*uhdich chee am gaheel brehkooast*
do you want to get up	**ydych chi am godi**	*uhdich chee am gohdy*
do you want supper	**ydych chi am gael swper**	*uhdich chee am gaheel soopehr*
do you want to pay	**ydych chi eisiau talu**	*uhdich chee eesheh tahly*

Do you want...?	Ydych chi eisiau...?	*uhdich chee eesheh*
Yes / Na	Ydw / Na / Na'dw	*uhdoo / nah / nahdoo*
to get up early	codi'n gynnar	*kohdy'n guhnar*
a full Welsh breakfast	brecwast Cymreig llawn	*brekooast Kuhmrayg llahoon*
another piece of toast	darn arall o dost	*dahrn arall oh dohst*
more milk	mwy o laeth (S.W.)	*mooee oh laheeth*
	mwy o lefrith (N.W.)	*mooe oh levrith*
anything else	rhywbeth arall	*rhioobeth arall*
to pay now	talu'n awr	*taleen ahoor*

The ... is ...	Mae'r	*maheer*
room is cold	stafell yn oer	*stavell uhn oheer*
bed is dirty	gwely'n frwnt	*gooehleen vroont*
food is cold	bwyd yn oer	*booeed uhn oheer*
water is too cold	dŵr yn rhy oer	*door uhn rhee oheer*

There is no... / There are no...	Does dim...	*dohs dim*
hot water	dŵr poeth	*door poheeth*
towel in the bathroom	tywel yn y stafell ymolchi	*tuhooehl uhn uh stavell uhmolchy*
light in the room	golau yn y stafell	*goleh uhn uh stavell*
curtains on the window	llenni ar y ffenest	*llehny ar uh phenest*

The ... is not working	Dyw'r ... ddim yn gweithio	*dioor ... ddim uhn gooeethyo*
heating	gwres	*goorehs*
light	golau	*gohleh*
tap	tap	*tap*

I would like to pay.	Fe hoffwn i dalu.	*Veh hophoon ee dahly*

47

It has been very pleasant. **Mae hi wedi bod yn ddymunol iawn.**
mahee he ooehdy bohd uh dduhmeenol yahoon

When do I have to leave the room? **Pryd mae rhaid i fi adael y stafell?**
preed mahee rhaheed ee vee ahdehl uh stavell

Can you call a taxi? **Allwch chi alw tacsi?**
allooch chee ahloo taxi

We are leaving tomorrow. **Ry'n ni'n gadael yfory.**
Reen neen gahdehl uhvohry

Can we stay another night? **Allwn ni aros noson arall?**
Alloon nee ahros noson ahrall

We will come here again. **Byddwn ni'n dod yma eto.**
Buhddoon neen dohd uhma eto

Are you sure the bill is correct? **Ydych chi'n siŵr bod y bil yn iawn?**
Uhdich cheen shoor bohd uh bil uhn yahoon

NatWest

Croeso i
Welcome to

Gangen Llandysul
Llandysul Branch

Rydym ar agor rhwng
10.00am a 3.00pm
dydd Llun i ddydd Gwen

Monday to Friday
10.00am to 3.00pm

AT THE NEWSAGENT

Y Cymro/Golwg, please.	**Y Cymro/Golwg, os gwelwch yn dda.**	*uh kuhmro/goloog os gooehlooch uhn ddah*
Do you sell Welsh magazines?	**Ydych chi'n gwerthu cylchgronau Cymraeg?**	*udich cheen gooehrthy kuhlchgroneh kymraheeg*
Do you have postcards?	**Oes cardiau post gyda chi?**	*oys kardyeh post guhda chee*
Do you sell stamps?	**Ydych chi'n gwerthu stampiau?**	*uhdich cheen gooehrthystampyeh*
How much are stamps to Europe?	**Faint yw stampiau i Ewrop?**	*vaheent ioo stampyeh ee ehoorop*
Do you have a ballpoint pen?	**Oes beiro gyda chi?**	*oys bayro guhda chee*
Do you have a map of the town?	**Oes map o'r dre gyda chi?**	*oys map or dreh guhda chee*
Do you sell mobile phone cards?	**Ydych chi'n gwerthu cardiau ffôn symudol?**	*uhdich cheen gooerthy kardyeh phohn suhmeedol*
A box of chocolates, please.	**Blwch o siocledi, os gwelwch yn dda.**	*blooch o shoklehdy, os gooehlooch uhn dda*

AT THE BANK

I would like to cash a cheque.	**Fe hoffwn i newid siec.**	*Veh hoffoon ee nehooid shek*
Do you charge a commission?	**Ydych chi'n codi comisiwn?**	*uhdich cheen kody komishoon*
Can I use my credit card to get money?	**Alla i ddefnyddio fy ngherdyn i gael arian?**	*alla ee ddevnuhddyo vyh ngherdin ee gaehl ahryan*
I've forgotten my PIN number.	**Rydw i wedi anghofio fy rhif PIN.**	*ruhdoo ee ooehdy anghovyo vuh rheev pin*

Llyfrau Da'n lleol

Good for books

Palas

PRIN

Do you have a dictionary?	**Oes geiriadur gyda chi?**	*oys gayryadir guhda chee*
Have you got 'Welsh Learner's Dictionary'?	**Ydy'r 'Geiriadur Dysgwyr' gyda chi?**	*uhdeer geheeryadir duhsgooir guhda chee*
I'm looking for a book on Wales.	**Rwy'n chwilio am lyfr ar Gymru.**	*rooeen chooilyo am luhvir ar guhmry*
Is it bilingual?	**Ydy e'n ddwyieithog?**	*uhdee ehn ddooee-yaythog*
Do you have a map of Wales?	**Oes map o Gymru gyda chi?**	*oys map o guhmry guhda chee*
Do you have CDs in Welsh?	**Oes CDs Cymraeg 'da chi?**	*oys seedees kuhmraheeg guhda chee*
Do you have children's books?	**Oes llyfrau plant 'da chi?**	*oys lluhvreh plant da chee*
Do you have a Welsh calendar?	**Oes calendr Cymreig 'da chi?**	*oys kalendr kuhmrayg da chee*
I'm looking for a book with pictures of Wales.	**Rwy'n chwilio am lyfr gyda lluniau o Gymru.**	*rooeen chooilyo am luhvir guhda llinyeh o guhmry*
I'm looking for a book on Welsh history.	**Rwy'n chwilio am lyfr ar hanes Cymru.**	*rooeen chooilyo am luhvr ar hanehs kuhmry*

Useful words

book	**llyfr**	*lluhvr*
calendar	**calendr**	*kalehndr*
CD	**CD**	*see-dee*
history	**hanes**	*hanehs*
literature	**llenyddiaeth**	*llenuhddyaheeth*
novel	**nofel**	*novel*
poetry	**barddoniaeth**	*barddonyaheeth*
postcard	**cerdyn post**	*kerdin post*
record	**record**	*rekord*
stamp	**stamp**	*stamp*
video	**fideo**	*vidyo*

CAMPING

Have you got room for a tent/caravan? **Oes lle gyda chi i babell/garafán?** *oys lle guhda chee ee bahbell / garavan?*

We have a small / large tent.	**Mae pabell fach / fawr gyda ni**.	*mahee pabell vach / vahoor guhda nee*
We would like to stay for a night.	**Hoffen ni aros am noson.**	*hophen nee ahros am noson.*
We want to stay for three nights.	**Ry'n ni am aros am dair noson.**	*reen nee am ahros am daheer noson*

Is there a ... here?	**Oes ... yma?**	*oys ... uhma*
a shower	**cawod**	*kahoo-od*
a washing machine	**peiriant golchi**	*payryant golchee*
electricity	**trydan**	*truhdan*
restaurant	**bwyty**	*booeetee*
a swimming pool	**pwll nofio**	*pooll novyo*

What does it cost per night?	**Beth yw'r gost y noson?**	*beth ioor gost uh noson*
Is the camp quiet?	**Ydy'r gwersyll yn dawel?**	*uhdeer gooersill uhn dahooel*
When do you close at night?	**Pryd ydych chi'n cau yn y nos?**	*preed uhdich cheen kahee uhn uh nohs*
Where can I park the car?	**Ble galla i barcio'r car?**	*bleh galla ee barkyor kar*
Do you do meals?	**Ydych chi'n gwneud bwyd?**	*uhdich cheen goonayd booeed*

Have you got...	**Oes ... gyda chi**	*oys ... guhda chee*
a bottle opener	**agorwr poteli**	*agoroor potehly*
a candle	**cannwyll**	*kanooeell*
a lamp	**lamp**	*lamp*
matches	**matsys**	*matshis*
a pocketknife	**cyllell boced**	*kuhllell bokehd*
a saucepan	**sosban**	*sosban*
a tent	**pabell**	*pahbell*
a torch	**torts**	*tortsh*

USING THE INTERNET

May I use the Internet, please? **Alla i ddefnyddio'r rhyngrwyd os gwelwch yn dda?** *alla ee ddevnuhddyor rhuhngrooeed os gooelooch uhn ddah*

May I send an e-mail? **Ga i anfon ebost?** *ga ee anvon ebost*

How much does it cost for half an hour? **Beth yw'r gost am hanner awr?** *beth ioor gost am hanehr ahoor*

Do you have an Internet connection? **Oes cysylltiad rhyngrwyd 'da chi?** *oys kuhsuhlltyad rhuhngrooeed da chee*

Can I check my e-mail here? **Alla i edrych ar fy ebost i yma?** *alla ee edrich ar vuh ebost ee uhma*

What is your e-mail address? **Beth yw eich cyfeiriad ebost?** *beth ioo aych kuhvayryad ebost?*

AT HOME

the kitchen   **y gegin**   *uh gegin*

chair	**cadair**	*kadehr*
cups	**cwpanau`**	*koopahneh*
cutlery	**cyllyll a ffyrc**	*kuhllill a phirk*
dishes	**llestri**	*llehstry*
dishwasher	**golchwr llestri**	*golchoor llehstry*
freezer	**rhewgell**	*rhehoogehll*
fridge	**oergell**	*oheergehll*
glasses	**gwydrau**	*goo-idreh*
grill	**gril**	*gril*
microwave	**microdon**	*meekrodon*
oven	**ffwrn**	*phoorn*
plates	**platiau**	*plahtyeh*
saucers	**soseri**	*sosehry*
sink	**sinc**	*sink*
table	**bwrdd**	*boordd*
toaster	**tostiwr**	*tosteeoor*

lounge/living room   **lolfa**   *lolva*

armchair	**cadair freichiau**	*kadehr vraychyeh*
carpet	**carped**	*karpehd*
radio	**radio**	*rahdyo*
sofa	**soffa**	*sopha*
television	**teledu**	*telehdy*

bathroom	**stafell ymolchi**	*stafell uhmolchy*
bath	**bath**	*bath*
shower	**cawod**	*kahoo-od*
soap	**sebon**	*sehbon*
towel	**tywel**	*tuhooehl*
bathtub	**basn ymolchi**	*bahsn uhmolchy*
toilet	**tŷ bach**	*tee bach*
seat	**sedd**	*sehdd*
toilet paper	**papur tŷ bach**	*papir tee bach*
bedroom	**stafell wely**	*stafell ooehly*
alarm clock	**cloc larwm**	*klok lahroom*
bed	**gwely**	*goo-ehly*
blankets	**blancedi**	*blankedy*
cushion	**clustog**	*klistog*
mirror	**drych**	*dreech*
garden	**gardd**	*gahrdd*
flowers	**blodau**	*blodeh*
lawn	**lawnt**	*lahoont*
path	**llwybr**	*lloo-eebr*
shade	**cysgod**	*kuhsgod*
tree	**coeden**	*koydehn*

Toilets Tŷ Bach

55

GETTING AROUND

Taxis:

Where can I get a taxi?	**Ble galla i gael tacsi?**	*bleh galla ee gahl taxi*
Can a taxi come in an hour?	**All tacsi ddod mewn awr?**	*all taxi ddod mehoon ahoor*
I want to go to….	**Dw i am fynd i…**	*doo ee am vihnd ee*
To the station, please.	**I'r orsaf os gwelwch yn dda.**	*eer orsav os gooehlooch uhn ddah*
I am in a hurry.	**Mae brys arna i.**	*mahee brees arna ee*
About how much will it cost?	**Tua faint fydd y gost?**	*teeah vaheent veedd uh gost*
Stop here, please.	**Stopiwch fan hyn os gwelwch yn dda.**	*stopyooch van hin os gooehlooch uhn ddah*
Keep the change.	**Cadwch y newid.**	*kadooch uh nehooid*

Trains & buses:

May I have a one way ticket to …. please?	**Ga i docyn un ffordd i … os gwelwch yn dda?**	*ga ee dokin een phordd ee … os gooehlooch uhn ddah*
A return ticket for two, please.	**Tocyn dychwel i ddau os gwelwch yn dda.**	*tokin duhchooehl ee ddahee os gooehlooch uhn dda*
One adult and one child.	**Un oedolyn ac un plentyn.**	*een oydohlin ak een plehntin*
When does the train leave?	**Pryd mae'r trên yn gadael?**	*preed maheer trehn uhn gadaheel*
When does the bus go?	**Pryd mae'r bws yn mynd?**	*preed maheer boos uhn mihnd*
Does the bus go to… ?	**Ydy'r bws yn mynd i …?**	*uhdeer boos uhn mihnd ee*
Does the train stop at …?	**Ydy'r trên yn aros yn …?**	*uhdeer trehn uhn aros uhn*
Where is the bus stop?	**Ble mae'r safle bws?**	*bleh maheer savleh boos*
When does the train arrive?	**Pryd mae'r trên yn cyrraedd?**	*preed maheer trehn uhn kuhraheedd*
Is there a bus to…?	**Oes bws i…?**	*oys boos ee*
Can you please tell me when to get off?	**Allwch chi ddweud wrtho i pryd i fynd allan?**	*allooch chee ddooayd wrtho ee preed ee vihnd allan*
When is the last bus?	**Pryd mae'r bws olaf?**	*preed maheer boos ola*

Driving:

Fill the tank, please.	**Llanwch y tanc, os gwelwch yhn dda.**	*llanooch uh tank os gooehlooch uhn ddah*
30 litres, please.	**tri deg litr os gwelwch yn dda**	*tree deg litr os gooehlooch uhn dda*
Can you check the oil and water?	**Allwch chi edrych ar yr olew a'r dŵr?**	*allooch chee edrich ar uhr olehoo ahr door*
Can you put air in the tyres?	**Allwch chi roi awyr yn y teiars?**	*allooch chee roy ahooir uhn uh tayars*
Something is the matter with the…	**Mae rhywbeth yn bod gyda'r …**	*maher rhioobeth uhn bod guhdar…*

battery	**batri**	*batry*
cable	**cebl**	*kehbl*
clock	**cloc**	*klok*
exhaust	**egsost**	*egsohst*
key	**allwedd (S.W.)**	*allooehdd*
	agoriad (N.W.)	*agoryad*
switch	**swits**	*sooitsh*
window	**ffenest**	*phenest*

Is there a garage here?	**Oes garej yma?**	*oys garej uhma*
Can you repair it?	**Allwch chi'i drwsio fe?**	*allooch chee droosho veh*
When can you do the work?	**Pryd gallwch chi wneud y gwaith?**	*preed gallooch chee oonayd uh gooaheeth*
The tyre is flat.	**Mae'r teiar yn fflat.**	*maheer tayar uhn phlat*
I'm lost.	**Dw i ar goll.**	*doo ee ar goll*
I'm looking for the road to…	**Dw i'n chwilio am yr heol i…**	*doo een chooilyo am uhr hehol ee*
Is it far to…	**Ydy hi'n bell i…**	*uhdee heen bell ee*
Is the road closed?	**Ydy'r heol ar gau?**	*uhdeer hehol ar gahee*
Where can I park?	**Ble galla i barcio?**	*bleh galla ee barkyo*
May I park here?	**Alla i barcio fan hyn?**	*alla ee barkyo van hin*

Is there a good nightclub here?	**Oes clwb nos da yma?**	*oys kloob nohs dah uhma*
What's on at the theatre?	**Beth sy yn y theatr?**	*behth see uhn uh thehahtr*
When does the film start?	**Pryd mae'r ffilm yn dechrau?**	*preed maheer philm uhn dehchreh*
Who's singing in the pub?	**Pwy sy'n canu yn y dafarn?**	*pooee seen kanee uhn uh davarn*
Are they a good band?	**Ydyn nhw'n fand da?**	*uhdin nhoon vand da*
Is there a cinema here?	**Oes sinema yma?**	*oys sinehma uhma*
Two tickets, please.	**Dau docyn os gwelwch yn dda.**	*dahee dokin os gooehlooch uhn ddah*
When does it start?	**Pryd mae'n dechrau?**	*preed maheen dehchreh*
May I buy tickets here?	**Alla i brynu tocynnau fan hyn?**	*alla ee bruhnee tokuhneh van hin*
Who's performing?	**Pwy sy'n perfformio?**	*pooee seen pehrphormyo*
Who's singing?	**Pwy sy'n canu?**	*pooee seen kahny*

Where can we play…	**Ble gallwn ni chwarae…**	*bleh galloon nee chooahreh*
tennis	**tennis**	*tehnis*
golf	**golff**	*golph*
Where is the swimming pool?	**Ble mae'r pwll nofio?**	*bleh maheer pooll novyo*
Swimming for two, please.	**Nofio i ddau, os gwelwch yn dda.**	*novyo ee ddahee, os gooehlooch uhn dda*
Is there a gym in the hotel?	**Oes campfa yn y gwesty?**	*oys kampva uhn uh gooehstee*
Where can we see a … game?	**Ble gallwn ni weld gêm…**	
rugby	**rygbi**	*rughby*
football	**pêl-droed**	*pehl droyd*
cricket	**criced**	*krikehd*
It is possible to…	**Ydy hi'n bosibl…**	*uhdee heen bosibl*
fish	**pysgota**	*puhsgota*
go riding	**marchogaeth**	*marchogaheeth*
They've scored a …	**Maen nhw wedi sgorio…**	*maheen nhoo ooehdy sgoryo…*
goal	**gôl**	*gohl*
try	**cais**	*kahees*
Who is winning?	**Pwy sy'n ennill?**	*pooee seen ehnill*
Have they lost?	**Ydyn nhw wedi colli?**	*ydin nhoo ooehdy kolly*

PWLL NOFIO
SWIMMING POOL

Sports

60

USING THE TELEPHONE

May I speak to…	**Ga i siarad â…**	*ga ee sharad ah*
I'm…	**… ydw i**	*… uhdoo ee*
I would like to speak to…	**Rydw i eisiau siarad â…**	*ruhdoo ee eesheh sharad ah*
What is the code for…	**Beth yw'r cod am…**	*beth ioor kohd am*
Can you call me back?	**Allwch chi fy ffonio i nôl?**	*allooch chee vuh phonyo i nohl*
My number is..	**Fy rhif yw…**	*vuh rheev ioo*

EMERGENCIES

help	**help**	*help*
ambulance	**ambiwlans**	*ambioolans*
fire brigade	**brigâd dân**	*brigahd dahn*
police	**heddlu**	*heddly*

CYLCHFAN
NEWYDD
O'CH BLAEN
NEW
ROUNDABOUT
AHEAD

Aberteifi
Cardigan A487

Bws yn unig
Bus only

Parc Siopa
Rheidol
Retail Park

Aberdaugleddau	*abehrdaeeglehddahee*	Milford Haven
Aberhonddu	*abehrhonddee*	Brecon
Abertawe	*abehrtaooeh*	Swansea
Aberteifi	*abehrtayyy*	Cardigan
Caerdydd	*kaheerdeedd*	Cardiff
Caerfyrddin	*kaheervuhrddin*	Carmarthen
Caergybi	*kaheerguhby*	Holyhead
Casnewydd	*kasnehooidd*	Newport
Castell-nedd	*kastehll nehdd*	Neath
Dinbych	*dinbich*	Denbigh
Dinbych y Pysgod	*dinbich uh puhsgod*	Tenby
Pen-y-bont	*pen uh bont*	Bridgend
Penfro	*penvro*	Pembroke
Y Bermo	*abehrmoh*	Barmouth
Y Fenni	*uh veny*	Abergavenny
Y Trallwng	*uh trahlloong*	Welshpool

DAYS

Monday	**Dydd Llun**	*deedd lleen*
Tuesday	**Dydd Mawrth**	*deedd mahoorth*
Wednesday	**Dydd Mercher**	*deedd mercher*
Thursday	**Dydd Iau**	*deedd iahee*
Friday	**Dydd Gwener**	*deedd gooehner*
Saturday	**Dydd Sadwrn**	*deedd sadoorn*
Sunday	**Dydd Sul**	*deedd seel*

HOLIDAYS

Christmas	**Y Nadolig**	*uh nadolig*
New Year's Day	**Dydd Calan**	*deedd kalan*
New Year	**Y flwyddyn newydd**	*uh vlooeeddin nehooidd*
Easter	**Y Pasg**	*uh pasg*
Whitsun	**Y Sulgwyn**	*uh silgooin*
May Day	**Calan Mai**	*kalan mahee*
Easter Monday	**Llun y Pasg**	*lleen uh pasg*
Christmas Day	**Dydd Nadolig**	*deedd nadolig*
Boxing Day	**Dydd San Steffan**	*deedd san stephan*
Bank holiday	**Gŵyl banc**	*gooeel bank*
St. David's Day	**Gŵyl Dewi**	*gooel dehwee*

MONTHS

January	**Ionawr**	*yonahoor*
February	**Chwefror**	*chooevror*
March	**Mawrth**	*mahoorth*
April	**Ebrill**	*ebrill*
May	**Mai**	*mahee*
June	**Mehefin**	*mehevin*
July	**Gorffennaf**	*gorphenav*
August	**Awst**	*ahoost*
September	**Medi**	*medee*
October	**Hydref**	*huhdrev*
November	**Tachwedd**	*tachooedd*
December	**Rhagfyr**	*rhagvir*

The months are often preceded by the word *mis* (month), e.g.

in March	**ym mis Mawrth**	*uhm mees Mahoorth*

SEASONS

Spring	**gwanwyn**	*gooanooin*
Summer	**haf**	*hav*
Autumn	**hydref**	*huhdrev*
Winter	**gaeaf**	*gaheeav*
in spring	**yn y gwanwyn**	*uhn uh gooanooin*
in summer	**yn yr haf**	*uhn uhr hav*

NUMBERS

1	un	*een*
2	dau	*dahee*
3	tri	*tree*
4	pedwar	*pedooar*
5	pump	*pimp*
6	chwech	*chooehch*
7	saith	*saheeth*
8	wyth	*ooeeth*
9	naw	*nahoo*
10	deg	*dehg*
11	un deg un	*een dehg een*
12	un deg dau	*een dehg dahee*
13	un deg tri	*een dehg tree*
14	un deg pedwar	*een dehg pedooar*
15	un deg pump	*een dehg pimp*
16	un deg chwech	*een dehg chooehch*
17	un deg saith	*een dehg saheeth*
18	un deg wyth	*een dehg ooeeth*
19	un deg naw	*een dehg nahoo*
20	dau ddeg	*dahee ddehg*
21	dau ddeg un	*dahee ddehg een*
22	dau ddeg dau	*dahee ddehg dahee*
23	dau ddeg tri	*dahee ddehg tree*
30	tri deg	*tree dehg*
31	tri deg un	*tree dehg een*
40	pedwar deg	*pedooar dehg*

41	pedwar deg un	*pedooar dehg een*
50	pum deg	*pim dehg*
60	chwe deg	*chooeh dehg*
70	saith deg	*saheeth dehg*
80	wyth deg	*ooeeth dehg*
90	naw deg	*nahoo dehg*
100	cant	*kant*
101	cant ac un	*kant ak een*
102	cant a dau	*kant a dahee*
110	cant a deg	*kant a dehg*
111	cant un deg un	*kant een dehg een*
120	cant dau ddeg	*kant dahee ddehg*
200	dau gant	*dahee gant*
300	tri chant	*tree chant*
400	pedwar cant	*pedooar kant*
500	pum cant	*pim kant*
600	chwe chant	*chooeh chant*
700	saith cant	*saheeth kant*
800	wyth cant	*ooeeth kant*
900	naw cant	*nahoo kant*
1000	mil	*meel*
2000	dwy fil	*doee veel*
3000	tair mil	*taheer meel*
4000	pedair mil	*pedaheer meel*
1000 000	miliwn	*milyoon*

When telling the time, and with money, another way of counting is used for numbers from 11 onwards:

11	un ar ddeg	*een ar ddeg*
12	deuddeg	*dayddeg*
13	tri ar ddeg	*tree ar ddeg*
14	pedwar ar ddeg	*pedooar ar ddeg*
15	pymtheg	*puhmtheg*
16	un ar bymtheg	*een ar buhmtheg*
17	dau ar bymtheg	*dahee ar buhmtheg*
18	deunaw	*daynahoo*
19	pedwar ar bymtheg	*pedooar ar buhmtheg*
20	ugain	*eegaheen*
21	un ar hugain	*een ar heegaheen*
30	deg ar hugain	*deg ar heegaheen*
40	deugain	*daygaheen*
50	hanner cant	*hahner kant*
60	trigain	*treegaheen*
80	pedwar ugain	*pedooar eegaheen*

Ordinal Numbers

1st	cyntaf	*kuhntav*
2nd	ail	*aheel*
3rd	trydydd	*truhdidd*
4th	pedwerydd	*pedooehridd*
5th	pumed	*pimehd*
6th	chweched	*chooehchehd*
7th	seithfed	*saythvehd*
8th	wythfed	*ooeethvehd*
9th	nawfed	*nahoovehd*
10th	degfed	*degvehd*
12th	deuddegfed	*deheeddegvehd*
15th	pymthegfed	*puhmthegvehd*
18th	deunawfed	*deheenahoovehd*
20th	ugeinfed	*eegeheenvehd*
100th	canfed	*kanvehd*

Fractions and Percentages

double	dwbl	*doobl*
five percent	pump y cant	*pimp uh kant*
half	hanner	*hanehr*
quarter	chwarter	*chooarter*
third	traean	*traheean*

Measures

centimetre	centimetr	*kentimetr*
foot	troedfedd	*troydvedd*
inch	modfedd	*modvedd*
kilometre	cilometr	*kilometr*
metre	metr	*metr*
mile	milltir	*milltir*
yard	llathen	*llathehn*
ounce	owns	*ohoons*

SKELETON GRAMMAR

(See *Welsh Rules*, Y Lolfa, for a full grammar and exercises)

VERBS: beauty in simplicity

Welsh sentences usually begin with a verb, so

'I am' changes its order to become 'Am I':   Rydw i.

'I was' changes its order to become 'Was I':   Roeddwn i.

The activity (e.g. going, singing) is then introduced by "n" if it occurs at the same time as the intoductory verb, e.g.

     I am going   > Rydw i'n mynd

     I was going   > Roeddwn i'n mynd

If the activity (e.g. going, singing) occurs before the introductory verb, it is introduced by 'wedi' (has, have or had) e.g.

     I have gone   > Rydw i wedi mynd

     I had gone   > Roeddwn i wedi mynd

The beauty of this is that only the tenses of 'to be' – bod – need to be learnt to use any verb in any tense. The activity verb does not change its form, as it does in English, e.g. go > going/gone.

Forms of 'to be': bod

Present tense: am/ is/are

		question forms	
rydw i / dw i / w i	*I am*	ydw i?	*am I?*
rwyt ti	*you are*	wyt ti?	
mae e	*he is*	ydy e?	
mae hi	*she is*	ydy hi?	
mae Siân	*Siân is*	ydy Siân?	
mae plant	*children are*	oes plant?	

mae'r plant	the children are	ydy'r plant?
rydyn ni	we are	ydyn ni?
rydych chi	you are	ydych chi?
maen nhw	they are	ydyn nhw?

Note: this is used to translate 'is', 'are', 'do' or 'does', e.g.

Do you drink tea? Ydych chi'n yfed te?
Are you drinking tea? Ydych chi'n yfed te?

You will hear these colloquial forms:

| rydyn ni > ryn ni *or* dyn ni: | Ryn ni'n yfed te../ Dyn ni'n yfed te. |
| rydych chi > rych chi *or* dych chi | Rych chi'n yfed te. / Dych chi'n yfed te. |

Imperfect tense: was/were
(Colloquial forms are noted after '/')

roeddwn i / ro'n i	*I was*	oeddwn i? / o'n i?	*was I?*
roeddet ti / ro't ti	*you were*	oeddet ti? / o't ti?	
roedd e	*he was*	oedd e?	
roedd hi	*she was*	oedd hi?	
roedd Siân	*Siân was*	oedd Siân?	
roedd plant	*children were*	oedd plant?	
roedd y plant	*the children were*	oedd y plant?	
roedden ni / ro'n ni	*we were*	oedden ni? / o'n ni?	
roeddech chi / ro'ch chi	*you were*	oeddech chi? / o'ch chi?	
roedden nhw / ro'n nhw	*they were*	oedden nhw? / o'n nhw?	

Future tense: will/shall

bydda i	*I shall*	fydda i?	*will I?*
byddi di	*you will*	fyddi di?	
bydd e	*he will*	fydd e?	

bydd hi	*she will*	fydd hi?
bydd Siân	*Siân*	fydd Siân?
bydd plant	*children will*	fydd plant?
bydd y plant	*the children will*	fydd y plant?
byddwn ni	*we shall*	fyddwn ni?
byddwch chi	*you will*	fyddwch chi?
byddan nhw	*they will*	fyddan nhw?

Answering Questions

'Na' is Welsh for *no*.
'Ie' is the Welsh word for *yes* to answer a question beginning with a noun or pronoun.

When a question begins with a verb, we answer it with a verb, e.g.

ydy hi'n dod? – ydy	*is she coming? – yes (she is)*
ydych chi'n byw yma? – ydw	*do you live here? – yes (I do)*
oeddech chi'n gwrando? – oeddwn	*were you listening? – yes (I was)*
fyddwch chi'n aros? – bydda	*will you wait? – yes (I shall)*

Negative sentences

In the present and imperfect tense verbs, the question forms are used, but are preceded by an initial letter 'd', and 'ddim' is put before ''n' (which changes to 'yn') and 'wedi' e.g.

> Dydw i ddim yn siarad Cymraeg.   *I don't speak Welsh.*
> Doedd hi ddim wedi deall.   *She had not understood.*

In the future tense, the negative is formed by using the question forms and placing 'ddim' before 'yn' or 'wedi', e.g.

> Fydda i ddim yn mynd.   *I won't be going / I won't be going.*

Question words

These words can be followed by forms of the verb:

What?	**Beth?**	*beth*
What is it?	**Beth yw e?**	*beth ioo eh*
What's at the cinema?	**Beth sy yn y sinema?**	*beth see uhn uh sinema*
What is she drinking?	**Beth mae hi'n yfed?**	*beth mahee heen uhveh*
Where?	**Ble?**	*bleh*
Where's the shop?	**Ble mae'r siop?**	*bleh maheer shop*
Where does she live?	**Ble mae hi'n byw?**	*bleh mahee heen bioo*
How much?	**Faint?**	*vaheent*
How much does it cost?	**Faint mae'n ei gostio?**	*vaheent maheen ee gostyo*
How much is it?	**Faint yw e?**	*vaheent ioo eh*
How?	**Sut?**	*sit*
How do I get there?	**Sut ydw i'n mynd yno?**	*sit uhdoo een mihnd uhno*
Why?	**Pam?**	*pam*
Why are we waiting?	**Pam rydyn ni'n aros?**	*pam ruhdin neen aros*
When?	**Pryd?**	*preed*
When did it begin?	**Pryd oedd e'n dechrau?**	*preed roydd ehn dechreh*
When does it start?	**Pryd mae e'n dechrau?**	*preed mahee ehn dechreh*
Who?	**Pwy?**	*pooee*
Who's coming?	**Pwy sy'n dod?**	*pooee seen dohd*
Who is she?	**Pwy yw hi?**	*pooee ioo hee*
Which?	**Pa?**	*pah*
Which train is here?	**Pa drên sy yma?**	*pah drehn see uhma*

GRAMMAR

Short form of verbs

All verbs also have short forms. In spoken Welsh, only the most common forms are used regularly. A grammar book such as *Welsh Rules* will include a full list. They do not need to be learnt when you start to learn Welsh, but you will hear some common forms in short phrases such as

ga i …	*May I? May I have?*
cewch	*you may*
wnewch chi…?	*Will you? Will you do?*
gwnaf	*yes (I will)*
dylwn i	*I should*
do i	*I'll come*
gwela i	*I'll see / I see*
galla i	*I can*
alla i?	*Can I?*
allwch chi?	*can you?*

Short forms of the verb are also used in commands, e.g.

codi:	codwch	*get up*
eistedd:	eisteddwch	*sit down*
darllen :	darllenwch	*read*
ysgrifennu:	ysgrifennwch	*write*
siarad:	siaradwch	*talk*

These are formed by adding '-wch' to the verb stem. The verb stem can be the whole word, e.g. 'siarad', or is often found by dropping the final 'u' or 'i', e.g. codi > cod.

Past tense

Short forms of the verb are often used in the past tense. To form the past tense, the following endings are added to the verb stem:

-es i;   -est ti;   -odd e;   -odd hi;   -on ni;   -och chi;   -on nhw e.g. **codi**   *to get up*

codes i	I got up
codest ti	you got up
cododd e	he got up
cododd hi	she got up
codon ni	we got up
codoch chi	you got up
codon nhw	they got up

The following five verbs are irregular, but are fairly similar:

mynd   *to go*

es i	I went
est ti	you went
aeth e	he went
aeth hi	she went
aethon ni	we went
aethoch chi	you went
aethon nhw	they went

cael   *to have, to get*

ces i	I had
cest ti	you had
cas e	he had
cas hi	she had
cawson ni	we had
cawsoch chi	you had
cawson nhw	they had

gwneud   *to do, to make*

gwnes i	I did
gwnest ti	you did
gwnaeth e	he did
gwnaeth hi	she did
gwnaethon ni	we did
gwnaethoch chi	you did
gwnaethon nhw	they did

dod   *to come*

des i	I came
dest ti	you came
daeth e	he came
daeth hi	she came
daethon ni	we came
daethoch chi	you came
daethon nhw	they came

bod   *to be*

bues i	I was, I went
buest ti	you were, you went
buodd e	he was, he went
buodd hi	she was, she went
buon ni	we were, we went
buoch chi	you were, you went
buon nhw	they were, they went

GRAMMAR

COMMANDS

Simply add '-wch' to the stem of the verb, e.g.

pass the bread	**estynnwch y bara**	*estuhnooch uh bara*
sit here	**eisteddwch yma**	*eheesteddooch uhma*
come in	**dewch i mewn**	*deooch ee mehoon*
keep the paper	**cadwch y papur**	*kadooch uh papir*
go at once	**ewch ar unwaith**	*eooch ar inooaeeth*

With people you know well, add '-a' instead of '-wch', e.g.

sit down	**eistedda**	*aystedda*

THE ARTICLE ('the')

Welsh has no word for the indefinite article ('*a*' / '*an*'). Just use the noun as it is, e.g.

> *A train is coming.*   Mae trên yn dod.

The definite article ('*the*') is translated by three forms:

'y' is used with nouns that begin with a consonant, e.g.

> y sinema   *the cinema*

'yr' is used with nouns beginning with a vowel or the letter 'h', e.g.

> yr ysgol   *the school*
> yr heol   *the road*

''r' when it follows a vowel.

> i'r sinema   *to the cinema*
> o'r heol   *from the road*

74

NOUNS

Most Welsh nouns are either masculine or feminine.

masculine:

y dyn	*the man*
y car	*the car*

feminine:

y fenyw	*the woman*
y ddesg	*the desk*

Some nouns can be either masculine or feminine:

y munud / y funud	*the minute*

Nouns after numbers are easy: we use the singular form, e.g.

five pints	**pum peint**	*pim paynt*
two tickets	**dau docyn**	*dahee dokin*

Plural

The plural of nouns is formed in many ways. Whenever you learn a new noun, learn the plural form along with the singular. The most common plural ending is '-au' or '-iau'

papur – papurau	*(paper - papers)*
wal – waliau	*(wall – walls)*

Other plural forms include:

adding 'on' or 'ion': dyn (*man*) dynion (*men*)

adding 'oedd': môr (*sea*) moroedd (*seas*)

changing vowels: carreg (*stone*) cerrig (*stones*)

ADJECTIVES

Most adjectives follow the noun in Welsh, e.g.

tref fach	*a small town*
dyn bach	*a small man*

The following adjectives precede the noun, and cause the first letter of the following noun to undergo soft mutation:

prif	*main*
hen	*old*
hen fenyw	*an old woman*
prif reswm	*main reason*

Note these:

too hot	**rhy boeth**	*rhee boeeth*
hotter	**mwy poeth**	*mooee poeeth*
hottest	**mwya poeth**	*mooeea poeeth*
better	**gwell**	*gooell*
best	**gorau**	*goreh*
worse	**gwaeth**	*gooaeeth*
worst	**gwaetha**	*gooaeetha*

ADVERBS

To form an adverb, put 'yn' before the adjective; the initial letter is then soft mutated, e.g.

da	*good*
yn dda	*well*
cyflym	*quick*
yn gyflym	*quickly*

There are some adverbs which note place and time, e.g.

ddoe	*yesterday*
heddiw	*today*
yma	*here*
yno	*there*
wedyn	*then*

PRONOUNS

Auxiliary pronouns are put after the verb forms,. e.g.

i	Rydw i	*I am*
i, fi	*i*	
ti, di	*you*	
e	*he, it, him*	
hi	*she, it, her*	
ni	*we, us*	
chi	*you*	
nhw	*they, them*	

'ti'	is used with children, animals, relatives and people you know well.
'chi'	can be singular or plural

Possessive pronouns

fy	*my*
dy	*your*
ei	*his, her, its*
ein	*our*
eich	*your*
eu	*their*

The possessive pronoun is placed before the noun, and the noun can be followed by the appropriate auxiliary pronoun. Note that 'dy' and 'ei' (masculine) cause soft mutation, 'ei' (feminine) causes spirant mutation and 'fy' causes nasal mutation (see below).

bag:	fy mag i	*my bag*
tad:	dy dad di	*your father*
mam:	ei fam e	*his mother*
tocyn:	ei thocyn hi	*her ticket*
car:	ein car ni	*our car*
te:	eich te chi	*your tea*
gwesty:	eu gwesty nhw	*their hotel*

These pronouns may also be used as objects of a verb, e.g.

talu (*to pay*):

| fy nhalu i | *to pay me* |
| Mae e'n fy nhalu i. | *He is paying me.* |

gweld (*to see*):

| dy weld di | *to see you* |
| Roedd hi wedi dy weld di. | *She had seen you.* |

prynu (*to buy*):

| eu prynu nhw | *to buy them* |
| Rydyn ni wedi eu prynu nhw. | *We have bought hem.* |

CONJUNCTIONS

These words link parts of sentences, clauses or nouns, e.g.

a	*and*
ond	*but*
neu	*or*

Note that 'a' causes spirant mutation and 'neu' can cause soft mutation (see below).

| pensil a phapur | *pencil and paper* |
| hanner peint neu beint | *half a pint or a pint* |

PREPOSITIONS

These show the position or direction of a thing or an action. They are often followed by a mutation (see below). In this list, * shows those followed by a soft mutation, # indicates those followed by a nasal mutation and, + indicates those followed by a spirant mutation.

â+	with
am*	for
ar*	on
ar hyd	along
at*	towards
dan*	under
dros*	over
gan*	by
ger	by, near
gyda+	with
heb*	without
hyd*	until
i*	to
o*	of, from
tan*	until
trwy*	through
wrth*	by, near
yn #	in
yn ymyl	by the side of

Many prepositions change in a similar way to verbs:

	ar	i	at	gan
	on	to	to	by, with
(on me etc.)	arna i	i fi	ata i	gen i
(on you etc.)	arnat ti	i ti	atat ti	gennyt ti
(on him etc.)	arno fe	iddo fe	ato fe	ganddo fe
(on her etc.)	arni hi	iddi hi	ati hi	ganddi hi
(on us etc.)	arnon ni	i ni	aton ni	gennyn ni
(on you etc.)	arnoch chi	i chi	atoch chi	gennych chi
(on them etc.)	arnyn nhw	iddyn nhw	atyn nhw	ganddyn nhw

Many prepositions are used in idioms, e.g.

I must go	Mae rhaid i fi fynd	mahee rhaeed ee vee vind
I have a car	Mae car gen i	mahee kar gen ee
I have a cold	Mae annwyd arna i	mahee anooid arna ee
I'm thirsty	Mae syched arna i	mahee suched arna ee

SUBORDINATE CLAUSES

Here are some methods used to introduce subordinate clauses:

noun clauses:

(a noun clause takes the place of an object of a verb)

that	bod
I know that a train is coming.	Rydw i'n gwybod bod trên yn dod.

adjectival clauses:

(an adjectival clause describes the noun which precedes it)

the train **that is**...	y trên **sy'n**...
the train **that has**...	y trên **sy wedi**...
the train **that was**...	y trên **oedd**...
the train **that will be**...	y trên **fydd yn**...

adverbial clauses:

(an adverbial clause notes a reason, purpose, time, intention, result, condition etc.)

because it is raining	**achos mae** hi'n bwrw glaw
	achos ei bod hi'n bwrw glaw
as we arrived	**wrth** i ni gyrraedd
as you know	**fel y** gwyddoch chi
so that we are early	**fel y** byddwn ni'n gynnar
if it rains	**os** bydd hi'n bwrw glaw

MUTATIONS

This is where Welsh becomes a little complicated, but don't get anything in a twist: if they are not used 'properly' (as often they aren't) no change of meaning occurs. Don't worry too much about these: you will see them occurring in phrases, and you will use them naturally. They can cause some difficulty when you are looking up words in a dictionary, so it is worth being aware of these changes. Nine initial letters of words change under various circumstances. They can change in three different ways:

Soft mutation			Nasal mutation		Spirant mutation	
c	>	g	>	ngh	>	ch
p	>	b	>	mh	>	ph
t	>	d	>	nh	>	th
g	>	*drops off*	>	ng		
b	>	f	>	m		
d	>	dd	>	n		
ll	>	l				
m	>	f				
rh	>	r				

Some circumstances which cause initial letter changes:

Soft mutation

1. feminine singular nouns after the definite article, e.g.
    merch   >   y ferch   *the girl*

2. nouns after the prepositions 'am', 'ar', 'at', 'gan', 'heb', 'i', 'o', 'dan', 'dros', 'trwy', 'wrth', and 'hyd', e.g.
    Caernarfon   >   i Gaernarfon   *to Caernarfon*

3. nouns after 'dau' and 'dwy' (*two*), e.g.
    peint   >   dau beint   *two pints*

4.	adjectives after feminine singular nouns, e.g.		
	mam	>	mam **dd**a	*a good mother*
5.	singular feminine nouns after 'un', e.g.		
	coeden	>	un **g**oeden	*one tree*
6.	nouns and adjectives after 'yn', e.g.		
	da	>	mae e'n **dd**a	*he's good*
	teipydd	>	roedd hi'n **d**eipydd	*she was a typist*
7.	nouns after the possessive pronouns 'ei' (*his*) and 'dy' (*your*), e.g.		
	car	>	dy **g**ar	*your car*
	trwyn	>	ei **d**rwyn	*his nose*

Nasal mutation

1.	nouns after 'fy' (*my*) e.g.		
	bag	>	fy **m**ag	*my bag*
2.	nouns after 'yn', (*in*) e.g.		
	Casnewydd	>	yn**g** **Ngh**asnewydd	*in Newport*

Spirant mutation

1.	nouns and adjectives after 'a', (*and*), e.g.	
	ci a **ch**ath		*a dog and a cat*
2.	nouns after 'â', (*with*),e.g.	
	siarad â **ph**lentyn		*to talk to a child*
3.	nouns after 'ei' (*her*), e.g.	
	coes >	ei **ch**oes	*her leg*

Words are listed according to the Welsh, rather than the English, alphabet:

A B C CH D DD E F FF G NG
H I J K L LL M N O P PH R RH S T
TH U W Y

Within the entries, words are in the order of the English alphabet. With nouns, the plural form is indicated. If the plural ending is added to the original noun, it is noted after '/-', e.g. afon/-ydd, where 'afonydd' (*rivers*) is the plural form. In other cases the full form of the plural is noted, e.g. car/ceir.

ABBREVIATIONS

adj.	adjective
adv.	adverb
art.	article
conj.	conjunction
f.	feminine
inter.	interjection
interrog.	interrogatory word
m.	masculine
m/f.	masculine and feminine
n.	noun
neg.	negative
word nf.	feminine noun
nm.	masculine noun
npl.	plural noun
poss.	possessive
prep.	preposition
pron.	pronoun
rel. pron.	relative pronoun
sing.	singular
v.	verb
pl.	plural
vn.	verb-noun
num.	numeral
ord.	ordinal
+ S.M.	followed by soft mutation
+ N.M.	followed by nasal mutation
+ SP.M.	followed by spirant mutation
S.W.	South Wales
N.W.	North Wales

A

a *conj.* + SP.M. and; *interrog.* + S.M.; *rel. pron.* + S.M. who, whom, that

â *conj.* + SP.M. with; *conj.*+ SP.M. as

ab *nm.* son of

abaty/abatai *nm.* abbey

aber/-oedd *nm.* estuary

abl *adj.* able

absennol *adj.* absent

absenoldeb *nm.* absence

ac *conj.* and; ~ **eithrio** *prep.* except, apart from

academaidd *adj.* academic

academi/academïau *nf.* academy

acen/-ion *nf.* accent

achlysur/-on *nm.* occasion

achos *conj.* because; *prep.* because of; /-ion *nm* cause; ~ **llys**/ achosion llys *nm.* court case

achosi *v.* to cause

achub *v.* to save

achwyn *v.* to complain

act/-au *nf.* act

actio *v.* to act

actor/-ion *nm* actor

actores/-au *nf.* actress

acw *adv.* yonder, there

adain/adenydd *nf.* wing

adar *npl.* birds

addas *adj.* suitable

addewid/-ion *nmf.* promise

addo *v.* to promise; ~ **rhywbeth i rywun** to promise someone something

addurn/-iadau *nm.* decoration

addurno *v.* to decorate

addysgu *v.* to educate, to teach

adeg/-au *nf.* period, time

adeilad/-au *nm.* building

adeiladu *v.* to build

adeiladwr/adeiladwyr *nm.* builder

aderyn/adar *nm.* bird

adfail/adfeilion *nm.* ruin

adfer *v.* to restore

adio *v.* to add

adlais/adleisiau *nm.* echo

adloniant *nm.* entertainment

adnabod *v.* to know *(a person, a place)*

adnod/-au *nf.* verse *(Biblical)*

adolygu *v.* to revise, to review

adran/-au *nf.* department, section

adre, adref *adv.* homewards

adrodd *v.* to recite, to report

adroddiad/-au *nm.* report, recitation

adwaith/adweithiau *nm.* reaction

adweithio *v.* to react

aeddfed *adj.* mature, ripe

ael/-iau *nf.* brow

aelod/-au *nm.* member; ~ **Cynulliad** *nm.* Assembly Member; ~ **Seneddol** *nm.* Member of Parliament

afal/-au *nm.* apple

Affrica *nf.* Africa

afon/-ydd *nf.* river

afresymol *adj.* unreasonable

agor *v.* to open

agos *adj.* near; ~ **i'r dref** near the town

agwedd/-au *nmf.* attitude, aspect

ai *inter.* used before nouns, verb-nouns, pronouns and adjectives

ail *adj.* second

ail law *adj.* secondhand

ailadrodd *v.* to repeat

alcohol *nm.* alcohol

allan *adv.* out

allanfa/allanfeydd *nf.* exit

allanol *adj.* exterior, external

allwedd/-i *nf.* key

Almaeneg *nf.* German language

Almaenes/-au *nf.* German

Almaenwr/Almaenwyr *nm.* German

am *prep.* + *S.M.* for

am byth *adv.* forever

amau *v.* to doubt, to suspect

ambell *adj.* occasional, few

ambiwlans/-ys *nm.* ambulance

amcangyfrif *v.* to estimate

amddiffyn *v.* to defend

America *f.* America

Americanes/-au *nf.* American

Americanwr/Americanwyr *nm.* American

amgáu *v.* to enclose

amgueddfa/amgueddfeydd *nf.* museum; ~ **Genedlaethol Cymru** Welsh National Museum; ~ **Werin Cymru** National Museum of Welsh Life

amgylchedd/-au *nm.* environment

amheuaeth/-au *nf.* doubt

amhosibl *adj.* impossible

aml *adv.* often

amlen/-ni *nf.* envelope

amlwg *adj.* obvious, clear, evident

amryw *adj.* several, various

amrywiaeth/-au *nm.* variety

amrywiol *adj.* various

amser/-au *nm.* time; ~ **llawn** *nm.* full time

amserlen/-ni *nf.* timetable

anabl *adj.* disabled

anaddas *adj.* unsuitable

anadl/-au *nmf.* breath

anadlu *v.* to breathe

anaf/-iadau *nm.* injury

anafu *v.* to injure

analluog *adj.* unable

anarferol *adj.* unusual

anferth *adj.* huge

anfon *v.* to send; ~ **ymlaen** *v.* to forward, to send on

angel/angylion *nm.* angel

angen/anghenion *nm.* need; ~ **rhywbeth ar rywun** someone needs something

angenrheidiol *adj.* essential, necessary

anghofio *v.* to forget

anghredadwy *adj.* unbelievable

anghwrtais *adj.* discourteous

anghysurus *adj.* uncomfortable

anghywir *adj.* wrong, incorrect

angladd/-au *nmf.* funeral

angor/-au,-ion *nf.* anchor

anhapus *adj.* unhappy

anifail/anifeiliaid *nm.* animal; ~ **anwes** *nm.* pet

annhebyg *adj.* unlike

annibynnol *adj.* independent

Annibynwyr *npl.* Independents (religious denomination)

annog *v.* to urge

annwyl *adj.* dear

anodd *adj.* difficult, hard

anrheg/-ion *nf.* present, gift

antur/-iau *nm.* venture

anwastad *adj.* uneven

anwesu *v.* to caress

anymwybodol *adj.* unconscious

apwyntiad/-au *nm.* appointment

ar *prep.* + *S.M.* on

ar ~ **agor** open; ~ **ben** finished, over; ~ **draws** across; ~ **frys** in haste; ~ **gael** available; ~ **ganol** in the middle of; ~ **gau** closed; ~ **gof** in memory; ~ **goll** lost; ~ **hap** accidentally; **ar hyd** *prep.* along; ~ **ôl** *prep.* after; *adv.* left over; ~ **unwaith** at once; ~ **wahân** separate, apart; ~ **werth** for sale

Arab/-iaid *nm.* Arab

araf *adj.* slow

araith/areithiau *nf.* speech

arall *adj.* other
arbennig *adj.* special
arch/eirch *nf.* coffin
archfarchnad/-oedd *nf.* supermarket
archwilio *v.* to inspect
ardal/-oedd *nf.* area, region
arddangos *v.* to display
arddangosfa/arddangosfeydd *nf.* exhibition
ardderchog *adj.* excellent
arddwrn/arddyrnau *nm.* wrist
aren/-nau *nf.* kidney
arfer/-ion *nm.* practice, habit
arferol *adj.* usual
arfordir/-oedd *nm.* coast
arholi *v.* to examine
arholiad/-au *nm.* examination
arian *nm.* money, silver; *adj.* silver; ~ **mân** *nm.* small change; ~ **parod** *nm.* cash
ariannol *adj.* financial
arlywydd/-ion *nm.* president
arnofio *v.* to float
arogl/-euon *nm.* smell, scent
arogli *v.* to smell
arolygu *v.* to survey, to supervise
arolygydd/arolygwyr *nm.* inspector, superintendent

aros *v.* to wait, to stay
artiffisial *adj.* artificial
artist/-iaid *nm.* artist
arwain *v.* to lead
arweiniad *nm.* lead
arweinydd/-ion *nm.* leader, conductor
arwydd *nmf.* sign
asgwrn/esgyrn *nm.* bone
Asia *nf.* Asia
Asiad/Asiaid *nm.* Asian
astudiaeth/-au *nf.* study
astudio *v.* to study
at *prep.* + *S.M.* at, towards, to, as far as
ateb/-ion *nm.* answer; *v.* to answer
atgoffa *v.* to remind
athletau *npl.* athletics
athletig *adj.* athletic
athletwr/athletwyr *nm.* athlete
athrawes/-au *nf.* teacher
athro/athrawon *nm.* teacher
aur *nm.* gold; *adj.* gold
awdur/-on *nm.* author
awdurdod/-au *nm.* authority
awel/-on *nf.* breeze
Awst *nm.* August
awtomatig *adj.* automatic
awyr *nf.* sky; ~ **agored** *nf.* open

air; ~ **iach** *nf.* fresh air
awyren/-nau *nf.* aeroplane

B

baban/-od *nm.* baby
bach *adj.* small
bachgen/bechgyn *nm.* boy
bachu *v.* to hook
bachyn/bachau *nm.* hook
baco *nm.* tobacco
bacteria *nm.* bacteria
bad/-au *nm.* boat
bad achub *nm.* lifeboat
bae/-au *nm.* bay
bag/-iau *nm.* bag
bai/beiau *nm.* fault
balans/-au *nm.* balance
balch *adj.* proud, glad
bale *nm.* ballet
banc/-iau *nm.* bank
bancio *v.* to bank
banciwr/bancwyr *nm.* banker
band/-iau *nm.* band
baner/-i *nm.* flag
bannod *nf.* article [grammar]
bar/-iau *nm.* bar
bara *nm.* bread
barbwr/barbwyr *nm.* barber
barddoniaeth *nf.* poetry

bargen/bargeinion *nf.* bargain
bargyfreithiwr/bargyfreithwyr *nm.* barrister
barn/-au *nf.* opinion, judgement
barnu *v.* to judge
barnwr/barnwyr *nm.* judge
bas *adj.* shallow
basged/-i *nf.* basket
basn/-au *nm.* basin
bath *nm.* bath
batri/-s *nm.* battery
baw *nm.* dirt
bawd/bodiau *nmf.* thumb
bedd/-au *nm.* grave
bedyddio *v.* to baptize
Bedyddiwr/Bedyddwyr *nm.* Baptist
Beibl/-au *nm.* Bible
beic/-iau *nm.* bicycle
beic modur *nm.* motor bike
beichiog *adj.* pregnant
beirniadaeth/-au *nf.* adjudication, criticism
beirniadu *v.* to criticize
beiro/-s *nm.* ballpoint pen
ben i waered *adv.* upside down
bendithio *v.* to bless
benthyca *v.* to borrow, to lend
benyw/-od *nf.* woman

benywaidd *adj.* feminine
berf/-au *nf.* verb
berwi *v.* to boil
beth *interrog.* what
betio *v.* to bet
bil/-iau *nm.* bill
biliwn/biliynau *nf.* billion
bin sbwriel *nm.* trash can
blaen/-au *nm.* front
blanced/-i *nm.* blanket
blas/-au *nm.* taste
blasu *v.* to taste
blasus *adj.* tasty
blawd *nm.* flour
blewyn/blew *nm.* body hair
blin *adj.* sorry, tiresome; **mae'n flin gen i** I'm sorry
blino *v.* to tire
bloc/-iau *nm.* block
blodyn/-au *nm.* flower
blodyn haul *nm.* sunflower
bloedd/-iadau *nm.* shout, cry
bloeddio *v.* to shout
blows/-ys *nf.* blouse
blwch/blychau *nm.* box; ~ **llwch** *nm.* ashtray; ~ **postio** *nm.* post box
blwyddyn/blynyddoedd *nf.* year; ~ **naid** *nf.* leap year; ~ **Newydd**

Dda! Happy New Year!
blynyddol *adj.* annual
bob *adj. see* pob; ~ **amser** always; ~ **dydd** every day
boch/-au *nf.* cheek
bod *v.* to be; *pr.* that
bodlon *adj.* contended, satisfied
bodloni *v.* to satisfy
bodolaeth *nf.* existence
bodoli *v.* to exist
bol/-iau *nm.* stomach, belly
bola/boliau *nm.* belly
bollt/byllt *nf.* bolt
bom/-iau *nm.* bomb
bore/-au *nm.* morning; ~ **da** good morning; ~ **'ma** this morning
bos/-ys *nm.* boss
botwm/botymau *nm.* button; ~ **bol** *nm.* belly button
braf *adj.* fine
braich/breichiau *nf.* arm
braster/-au *nm.* fat
brawd/brodyr *nm.* brother
brawddeg/-au *nf.* sentence
brecwast/-au *nm.* breakfast
bregus *adj.* frail
breichled/-au *nf.* bracelet
brenhines/breninesau *nf.* queen
brenhinol *adj.* royal

brenin/brenhinoedd *nm.* king
brest *nf.* breast, chest
brifo *v.* to hurt
brig/-au *nm.* top, summit
briwsionnpl. crumbs
bro/-ydd *nf.* area, region
brodor/-ion *nm.* inhabitant, native
broga/-od *v.* frog
bron/-nau *nf.* breast; *adv.* almost
brown *adj.* brown
brwd *adj.* enthusiastic
brwsh/-ys *nm.* brush; ~ **dannedd** tooth brush
brwsio *v.* to brush
bryn/-iau *nm.* hill
brys *nm.* haste
brysio *v.* to hurry
buan *adj.* soon
buarth/-au *nm.* yard
budd/-ion *nm.* benefit
busnes/-au *nm.* business
busneslyd *adj.* nosy, meddlesome
buwch/buchod *nf.* cow
bwa/bwâu *nm.* bow
bwced/-i *nmf.* bucket
bwlch/bylchau *nm.* gap, pass [mountain]
bwled/-i *nf.* bullet
bwrdd/byrddau *nm.* table; ~

smwddio *nm.* ironing table;
bwrw *v.* to hit; ~ **cesair** *v.* to hail; ~ **eira** *v.* to snow; ~ **glaw** *v.* to rain
bws/bysus *nm.* bus
bwyd/-ydd *nm.* food
bwydlen/-ni *nf.* menu
bwydo *v.* to feed
bwytadwy *adj.* edible
bwyty/bwytai *nm.* restaurant
byd/-oedd *nm.* world
byddar *adj.* deaf
byddin/-oedd *nf.* army
byd-eang *adj.* world-wide
bydysawd *nm.* universe
bygwth *v.* to threaten
bygythiad/-au *nm.* threat
bylb/-iau *nm.* bulb
byr *adj.* short
byrbryd/-au *nm.* snack
byrhau *v.* to shorten
bys/-edd *nm.* finger
bys bawd *nm.* thumb
byth *adv.* ever, never
bythgofiadwy *adj.* unforgettable
byw *v.* to live; *adj.* alive
bywyd/-au *nm.* life

C

caboli *v.* to polish
cacynen/cacwn *nf.* wasp
cadair/cadeiriau *nf.* chair
cadair freichiau *nf.* armchair
cadarn *adj.* strong, steady
cadarnhau *v.* to confirm
cadw *v.* to keep; **~ lle** *v.* to keep a place; **s n** *v.* to make a noise
cadwyn *nf.* chain
cae/-au *nm.* field
cael *v.* to have, to obtain, to get; **~ gafael ar** *v.* to get hold of
caffe/-s *nm.* café
cais/ceisiadau/ceisiau *nm.* application; try *[rugby]*
Calan *nm.* New Year's day
Calan Gaeaf *nm.* Halloween
Calan Mai *nm.* May Day
caled *adj.* hard, difficult
calendr/-au *nm.* calendar
calon/-nau *nf.* heart
cam/-au *nm.* step, wrong
camddeall *v.* to misunderstand
cam-drin *v.* to abuse, to misuse
camera/camerâu *nm.* camera
camera digidol *nm.* digital camera
camera fideo *nm.* video camera

camsyniad/-au *nm.* mistake
camu *v.* to step
cân/caneuon *nf.* song
Canada *nf.* Canada
canfod *v.* to find, to discover
caniatáu *v.* to allow
canlyniad/-au *nm.* result
cannwyll/canhwyllau *nf.* candle
canol/-au *nm.* middle
canol dydd *nm* midday
canol nos *nm.* midnight
canol y dref *nm.* town centre
canolfan groeso *nf.* tourist information centre
canolog *adj.* central
canrif/-oedd *nf.* century
canser/-au *nm.* cancer
cant/cannoedd *nm.* hundred
canu *v.* to sing
cân /-au *nm.* canoe
canwr/cantorion *nm.* singer
cap/-iau *nm.* cap
capel/-i *nm.* chapel
capten/capteiniaid *nm.* captain
car/ceir *nm.* car
carchar/-au *nm.* prison
carco *v.* to baby-sit
cardota *v.* to beg
cardotyn/cardotwyr *nm.* beggar

caredig *adj.* kind
caredigrwydd *nm.* kindness
cariad/-on *nm.* lover, love
cario *v.* to carry
carped/-i *nm.* carpet
carreg/cerrig *nf.* stone; **~ fedd** *nf.* grave stone; **~ filltir** *nf.* milestone
carthen/-ni *nf.* quilt
cartref/-i *nm.* home
caru *v.* to love
cas *adj.* nasty
casáu *v.* to hate
casgliad/-au *nm.* collection
casglu *v.* to collect
casineb *nm.* hate
castell/cestyll *nm.* castle
catalog/-au *nm.* catalogue
cath/-od *nf.* cat
Catholig *adj.* Catholic
cau *v.* to close
cawl/-iau *nm.* soup
cawod/-ydd *nf.* shower
caws *nm.* cheese
CD/au *nm.* CD
cebl/-au *nm.* cable
ceffyl/-au *nm.* horse
cefn/-au *nm.* back
cefnder/cefndyr *nm.* cousin

cegin/-au *nf.* kitchen
ceisio *v.* to try, to attempt
celficyn/celfi *nm.* furniture
celfyddyd *nf.* art
cell/-oedd *nf.* cell
Celt/-iaid *nm.* Celt
celwydd/-au *nm.* lie, untruth
cemegol *adj.* chemical
cenedl/cenhedloedd *nf.* nation
cenedlaethol *adj.* national
cenhinen/cennin *nf.* leek
cenhinen Bedr *nf.* daffodil
centimetr/-au *nm.* centimeter
cerdd/-i *nf.* poem, song
cerddor/-ion *nm.* musician
cerddorfa/cerddorfeydd *nf.* orchestra
cerddoriaeth *nf.* music
cerddwr/cerddwyr *nm.* walker
cerdyn/cardiau *nm.* card
cerdyn credyd *nm.* credit card
cerdyn post *nm.* postcard
cerflun/-iau *nm.* statue
cês/cesys *nm.* case
cesair *nm.* hail
cig/-oedd *nm.* meat
cigydd/-ion *nm.* butcher
cildwrn/cildyrnau *nm.* tip (*money*)
cilo/-s *nm.* kilo

cilometr/-au *nm.* kilometre

cinio/ciniawau *nmf.* dinner, lunch

cist/-iau *nf.* safe, box

cist car *nf.* car boot

claddu *v.* to bury

claear *adj.* lukewarm

clais/cleisiau *nf.* bruise

clasurol *adj.* classical

clefyd/-au *nm.* disease, illness;

cleient/-iaid *nm.* client

clinig/-au *nm.* clinic

clir *adj.* clear

clo/-eon *nm.* lock

cloc/-iau *nm.* clock; ~ **larwm** alarm clock

cloch/clychau *nm.* bell

cloff *adj.* lame

cloffi *v.* to limp

clogwyn/-i *nm.* cliff

cloi *v.* to lock

clorian/-nau *nf.* scales *(for weighing)*

clun/-iau *nf.* hip

clustog/-au *nf.* cushion

clwb/clybiau *nm.* club; ~ **dawnsio** dancing club

clwyd/-i *nf.* gate

clyfar *adj.* clever, smart

clymu *v.* to tie

clyw *nm.* hearing

clywed *v.* to hear

cneuen/cnau *nf.* nut

cnoc/-iau *nm.* knock

cnocio *v.* to knock

cnoi *v.* to bite

coch *adj.* red

cod/-au *nm.* code; ~ **post** post code

codi *v.* to pick up, to rise, to get up; ~ **arian** to raise money

codiad/-au *nm.* rise, erection; ~ **cyflog** pay raise; ~ **haul** sunrise

coeden/coed *nf.* tree

coes/-au *nf.* leg

cof/-ion *nm.* memory; **~ion gorau** best wishes

coffi *nm.* coffee

cofiadwy *adj.* memorable

cofio *v.* to remember; **cofiwch fi at Huw** give Huw my regards

cofrestr/-i/-au *nf.* register

cofrestru *v.* to register

coginio *v.* to cook

cogydd/-ion *nm.* cook

cogyddes/-au *nf.* cook

coleg/-au *nm.* college; ~ **addysg bellach** college of further education

colled/-ion *nf.* loss

colli *v.* to lose

colofn/-au *nf.* column

colur/-on *nm.* make-up

concrit *nm.* concrete

condemnio *v.* to condemn

condom/-au *nm.* condom

conswl/consylau *nm.* consul

copa/-on *nf.* summit

copi/copïau *nm.* copy

copïo *v.* to copy

corcyn/cyrc *nm.* cork

corff/cyrff *nm.* body

corfforol *adj.* physical

cornel/-i *nmf.* corner

cors/-ydd *nf.* bog, fen

cortyn/-nau *nm.* string

cosb/-au *nf.* punishment

cosbi *v.* to punish

cosi *v.* to tickle, to itch

cot/-iau *nf.* coat; ~ **fawr** overcoat

cotwm *nm.* cotton

crac/-iau *nm.* crack; *adj.* angry

cracio *v.* to crack

crafu *v.* to scratch

cragen/cregyn *nf.* shell

crai *adj.* raw

craig/creigiau *nf.* rock

craith/creithiau *nf.* scar

credu *v.* to believe

crefft/-au *nf.* craft

crefftwr/crefftwyr *nm.* craftsman

crefydd/-au *nf.* religion

crefyddol *adj.* religious

creu *v.* to create

crib/-au *nf.* comb, ridge

cribo *v.* to comb

criced *nm.* cricket

crio *v.* to cry

Cristion/-ogion, **Cristnogion** *nm.* Christian

Cristnogol *adj.* Christian

criw/-iau *nm.* crew

crochenwaith *nm.* pottery

croen/crwyn *nm.* skin

croes/-au *nf.* cross; *adj.* cross

croesi *v.* to cross

croeso *nm.* welcome

crogi *v.* to hang

cromlech/-i *nf.* cromlech, dolmen

cropian *v.* to crawl

crwn *adj.* round

crwt/cryts *nm.* boy, lad

cryf *adj.* strong

cryno *adj.* brief, concise

crys/-au *nm.* shirt

cuddio *v.* to hide

cul *adj.* narrow

cur calon *nm.* heart attack
cur pen *nm.* headache *[N.W.]*
curiad calon *nm.* heartbeat
curo *v.* to beat
cusan/-au *nf.* kiss
cusanu *v.* to kiss
cwch/cychod *nm.* boat; ~ **gwenyn** beehive; ~ **hwylio** sailboat
cweryla *v.* to quarrel
cwestiwn/cwestiynau *nm.* question
cwlwm/clymau *nm.* knot
cwm/cymoedd *nm.* valley
cwmni/cwmnïau *nm.* company; ~ **awyrennau** airline company
cwmwl/cymylau *nm.* cloud
cwningen/cwningod *nf.* rabbit
cwpan/-au *nmf.* cup
cwpwrdd/cypyrddau *nm.* cupboard; ~ **llyfrau** bookcase
cwrdd/cyrddau *nm.* meeting; *v.* to meet; **rwy'n falch o gwrdd â chi** I'm glad to meet you
cwrs/cyrsiau *nm.* course
cwrtais *adj.* courteous
cwrw *nm.* beer
cwsg *nm.* sleep
cwsmer/-iaid *nm.* customer
cwt/cytau *nm.* queue

cwyn/-ion *nmf.* complaint
cwyno *v.* to complain
cybydd/-ion *nm.* miser
cychwyn *v.* to start
cychwynnol *adj.* initial
cydnabod *v.* to acknowledge
cydymdeimlad *nm.* sympathy
cyfaddef *v.* to admit
cyfaill/cyfeillion *nm.* friend
cyfan *adj.* whole
cyfandir/-oedd *nm.* continent
cyfansoddi *v.* to compose
cyfansoddwr/cyfansoddwyr *nm.* composer
cyfanswm/cyfansymiau *nm.* total
cyfarch *v.* to greet
cyfarfod/-ydd *nm.* meeting; *v.* to meet
cyfartal *adj.* equal
cyfeillgar *adj.* friendly
cyfeiriad/-au *nm.* address, direction
cyfeirio *v.* to direct
cyfenw/-au *nm.* surname
cyffredin *adj.* common
cyffredinol *adj.* general
cyffro/-adau *nm.* excitement
cyffroi *v.* to excite
cyffrous *adj.* exciting

cyffur/-iau *nm.* drug
cyffwrdd *v.* to touch
cyfiawnder *nm.* justice
cyfieithu *v.* to translate
cyfieithydd/cyfieithwyr *nm.* translator
cyflawn *adj.* complete
cyflawni *v.* to accomplish
cyfleus *adj.* convenient
cyflog/-au *nmf.* pay, salary
cyflwr/cyflyrau *nm.* condition.
cyflwyno *v.* to present, to introduce
cyflym *adj.* fast, quick
cyflymder/-au *nm.* speed
cyflymu *v.* to accelerate
cyfnewid *v.* to exchange
cyfnither/-od *nf.* cousin
cyfnod/-au *nm.* period, era
cyfoes *adj.* contemporary
cyfoeth *nm.* wealth
cyfoethog *adj.* rich
cyfogi *nm.* to vomit
cyfraith/cyfreithiau *nf.* law
cyfreithiwr/cyfreithwyr *nm.* solicitor
cyfres/-i *nf.* series
cyfrif/-on *nm.* account; *v.* to count
cyfrifiadur/-on *nm.* computer

cyfrifiannell/-au *nf.* calculator
cyfrifo *v.* to count
cyfrifol *adj.* responsible
cyfrinach/-au *nf.* secret
cyfrinachol *adj.* secret
cyfun *adj.* comprehensive
cyf-weld *v.* to interview
cyhoeddi *v.* to publish
cyhoeddus *adj.* public
cyhoeddwr/cyhoeddwyr *nm.* publisher
cyhuddo *v.* to accuse
cyhyr/-au *nm.* muscle
cylch/-oedd *nm.* circle; ~ **chwarae** playgroup
cylchfan/-nau *nf.* roundabout
cylchgrawn/cylchgronau *nm.* magazine
cyllell/cyllyll *nf.* knife; ~ **boced** pocketknife; ~ **fara** bread knife
cymdeithas/-au *nf.* society; ~ **yr iaith** Welsh Language Society
cymedrol *adj.* moderate
cymeriad/-au *nm.* character
cymharu *v.* to compare
cymorth/cymhorthion *nm.* aid, help
cymryd *v.* to take
cymydog/cymdogion *nm.*

neighbour
cymysg adj. mixed
cymysgu v. to mix
cyn prep. before
cyngerdd/cyngherddau nmf. concert
cyngor/ion nm. advice
cyngor/cynghorion nm. council
cynhadledd/cynadleddau nf. conference
cynhaeaf/cynaeafau nm. harvest
cynhyrchu v. to produce
cynllun/-iau nm. plan
cynnes adj. warm
cynnig/cynigion nm. offer; v. to offer
cynnwys nm. contents; v. to contain
cynnyrch/cynhyrchion nm. produce
cyntaf adj. first
cyntedd/-au nm. hallway
cynulliad/-au nm. assembly, gathering; ~ **Cenedlaethol Cymru** National Assembly for Wales
cynyddu v. to increase
cyrliog adj. curly
cyrraedd v. to arrive

cysgod/-ion nm. shadow, shelter
cysgodi v. to shelter
cysgu v. to sleep
cyson adj. regular
cystadleuaeth/cystadlaethau nf. competition
cystadlu v. to compete
cysuro v. to comfort
cysurus adj. comfortable
cysylltiad/-au nm. connection
cysylltu v. to connect
cytuno v. to agree
cyw/-ion nm. chicken; ~ **iâr** chicken
cywilydd nm. shame
cywir adj. correct
cywiro v. to correct

CH

chi pr. you
chwaer/chwiorydd nf. sister
chwaethus adj. tasteful
chwalu v. demolish, shatter
chwant bwyd appetite; **mae ~ arna i** I'm hungry
chwarae v. to play; ~ **teg** fair play
chwaraeon npl. games, sport
chwaraewr/chwaraewyr nm. player; ~ **CD** CD player

chwarter/-i nm. quarter
chwe num. six (used in front of nouns)
chwech num. six
chwedl/-au nf. tale, legend
Chwefror nm. February
chwerthin v. to laugh
chwerw adj. bitter
chwilio v. to search, to look for; ~ **am** to look for
chwith adj. left
chwyddo v. to swell
chwydu v. to vomit
chwyrnu v. to snore

D

da adj. good
dad nm. dad
dadl/-euon nf. debate
dadwisgo v. to undress
daear/-au nf. earth
daearyddiaeth nf. geography
dal v. to catch, to continue; **dal i weithio** to continue working
dalen/-nau nf. page
dall adj. blind
dallineb nm. blindness
damwain/damweiniau nf. accident; **ar ddamwain**

accidentally
dan prep.+ S.M.. under; ~ **do** indoors
danfon v. to send
dangos v. to show
dannodd nf. toothache
dant/dannedd nm. tooth
darlith/-iau/-oedd nf. lecture
darlithio v. to lecture
darlithydd/darlithwyr nm. lecturer
darllen v. to read
darllenydd/darllenwyr nm. reader
darlun/iau nm. picture
darlunio v. to illustrate
darn/-au nm. piece; ~ **arian** coin; ~ **sbâr** spare part
darparu v. to provide
datgan v. to declare
dathlu v. to celebrate
datod v. to untie
dau num .m. + S.M. two
dawnsio v. to dance
dde adj. right
ddoe adv. yesterday
de nm. south; adj. right
deall v. to understand
deallus adj. intelligent, smart
deallusrwydd nm. intelligence
dechrau v. to start

dechreuad/-au *nm.* start, beginning

dechreuwr/dechreuwyr *nm.* learner

deffro *v.* to waken, to awake

defnydd/-iau *nm.* use, material

defnyddio *v.* to use

defnyddiol *adj.* useful

deg *num.* ten

deilen/dail *nf.* leaf

delfryd/-au *nf.* ideal

delfrydol *adj.* ideal

delio *v.* to deal

deniadol *adj.* attractive

denu *v.* to attract

derbyn *v.* to accept

derbynneb/derbynebau *nf.* receipt

dethol *v.* to select; *adj.* select

detholiad/-au *nm.* selection

deunydd/-iau *nm.* material

dewin/-iaid *nm.* magician

dewis/-iadau *nm.* choice; *v.* to choose

dianc *v.* to escape

diangen *adj.* unnecessary

dibynnu *v.* to depend

dicter *nm.* rage, anger

diddiwedd *adj.* endless

diddordeb/-au *nm.* interest

diddorol *adj.* interesting

difetha *v.* to destroy

diffodd *v.* to extinguish

diffyg/-ion *nm.* lack, defect, fault; **~ cwsg** lack of sleep; **~ traul** indigestion

difrifol *adj.* serious

dig *adj.* angry

digon *nm.* enough; **~ o fwyd** enough food

digwydd *v.* to happen

digwyddiad/-au *nm.* happening

dihareb/diarhebion *nf.* proverb

di-hid *adj.* indifferent

dileu *v.* to delete

dilledyn/dillad *nm.* garment

dillad *npl.* clothes ; **~ gwely** bedclothes; **~ isaf** underwear

dilyn *v.* to follow

dilys *adj.* genuine

dim *nm.* nothing; **~ byd** nothing; **~ ond** only

dinas/-oedd *nf.* city

diniwed *adj.* innocent

diod/-ydd *nf.* drink

dioddef *v.* to suffer

diog *adj.* lazy

diogel *adj.* safe

diogelwch *nm.* safety

diolch/-iadau *nm.* thanks; **~ yn fawr** thank you very much

diolchgar *adj.* thankful

diosg *v.* to undress, to take off

dirwy/-on *nf.* fine (*punishment*)

di-rym *adj.* powerless

disglair *adj.* bright

disgleirio *v.* to shine

disgownt/-iau *nm.* discount

disgwyl *v.* to expect

distrywio *v.* to destroy

diwedd/-au *nm.* end

diweddar *adj.* recent

di-werth *adj.* valueless

diwethaf *adj.* last

diwrnod/-au *nm.* day

diwydiannol *adj.* industrial

diwydiant/diwydiannau *nm.* industry

diwylliannol *adj.* cultural

diwylliant/diwylliannau *nm.* culture

do *adv.* yes

dod *v.* to come; **~ â** to bring; **~ yn** to become

dolur/-iau *nm.* pain

doniol *adj.* funny

dosbarth/dosbarthiadau *nm.* class; **~ meithrin** kindergarten

drama/dramâu *nf.* drama

drewi *v.* to stink

dringo *v.* to climb

dros *prep.* + *S.M.* over; **~ dro** temporary

drud *adj.* expensive

drwg *adj.* bad, naughty

drych/-au *nm.* mirror

dryll/-au *nmf.* gun

du *adj.* black

dull/-iau *nm.* method

dur *nm.* steel

duw/-iau *nm.* god

dweud *v.* to say; **~ wrth** + *S.M.* to tell

dwfn *adj.* deep

dŵr *nm.* water; **~ tap** tap water

dwrn/dyrnau *nm.* fist

dwy *num. f.* + *S.M.* two

dwyieithog *adj.* bilingual

dwyn *v.* to steal

dwyrain *nm.* east

dy *pron.* + *S.M.* your

dychmygu *v.* to imagine

dychwelyd *v.* to return

dychymyg/dychmygion *nm.* imagination

dydd/-iau *nm.* day; **~ Calan** New Year's Day; **~ Llun** Monday; **~**

gwaith weekday
dyddiad/-au *nm.* date
dyddiol *adj.* daily
dyfais/dyfeisiau *nf.* device
dyfalu *v.* to guess
dyfarnwr/dyfarnwyr *nm.* referee
dyfeisio *v.* to devise
dyffryn/-noedd *nm.* vale
dyfnder/-au *nm.* depth
dyfodol *nm.* future
dyled/-ion *nf.* debt
dymuno *v.* to wish
dyn/-ion *nm.* man; ~ **tân** fireman
dynol *adj.* human
dysgu *v.* to learn, to teach
dyweddïo *v.* to become engaged

E

eang *adj.* broad
ebol/-ion *nm.* foal
ebost *n.m.* e-mail
Ebrill *nm.* April
echdoe *adv.* day before yesterday
edmygu *v.* to admire
edrych *v.* to look; ~ **ar ôl** to look after
ef *pron.* he
efallai *adv.* perhaps
effeithio *v.* to effect

eglwys/-i *nf.* church; ~ **gadeiriol** cathedral; **yr** ~ **yng Nghymru** the Church in Wales
egni/egnïon *nm.* energy
egwyddor/-ion *nf.* principle
ei *pron.* his + *S.M.*, her + *SP.M.*
eich *pron.* your
Eidaleg *nf.* Italian (*language*)
Eidales/-au *nf.* Italian
Eidalwr/Eidalwyr *nm.* Italian
eiddigeddus *adj.* jealous
eiddo *nm.* property
eillio *v.* to shave
eilliwr/eillwyr *nm.* razor
ein *pron.* our
eira *nm.* snow; **bwrw** ~ to snow
eisiau *nm.* want; **mae** ~ **te arna i** I want tea
eisoes *adv.* already
eistedd *v.* to sit
eisteddfod/-au *nf.* Welsh cultural competitive festival; ~ **Genedlaethol Cymru** Welsh National Eisteddfod
eitem/-au *nf.* item
eithaf/-ion *nm.* extremity; *adv.* quite
eithafol *adj.* extreme
eithriad/-au *nm.* exception

elw *nm.* profit
enaid/eneidiau *nm.* soul
enfawr *adj.* huge
enfys/-au *nf.* rainbow
enghraifft/enghreifftiau *nf.* example
ennill *v.* to win
ennyd *nf.* moment
ensyclopedia *nm.* encyclopaedia
enw/-au *nm.* name; ~ **da** reputation; ~ **blaen** first name; ~ **morwynol** maiden name
enwog *adj.* famous
enwogrwydd *nm.* fame
er *pron.* although
eraill *adj.* other; *npl.* others
ergyd/-ion *nf.* shot
erioed *adv.* ever
ers *pron.* since
erthygl/-au *nf.* magazine article
esbonio *v.* to explain
esgid/-iau *nf.* shoe; **esgidiau glaw** wellingtons; **esgidiau sglefrio** skates
esgus/-odion *nm.* excuse
esgusodi *v.* to excuse
esgyn *v.* to rise, to ascend
esiampl/-au *nf.* example
estron *adj.* foreign

estronwr/estroniaid *nm.* stranger
eto *adv.* yet, again
eu *pron.* their
euog *adj.* guilty
ewro/-s *nm.* euro
Ewrop *nf.* Europe
Ewropeaidd *adj.* European
ewythr/-edd *nm.* uncle

F

fan/-iau *nf.* van
fan yma *adv.* here
fe *pron.* he
fel *conj.* like; ~ **arfer** usually, as usual
felly *adv.* so
fi *pron.* me
fin nos *adv.* at nightfall
fisa/-s *nm.* visa
fitamin/-au *nm.* vitamin
fod *v.* to be; *pr.* that
fy *pron.* + *N.M.* my

FF

ffa *npl.* beans; ~ **dringo** runner beans
ffafr/-au *nf.* favor
ffefryn/-nau *nm* favourite

ffeil/-iau *nf.* file
ffeindio *v.* to find
ffenest/-ri *nf.* window
ffenestr/-i *nf.* window
ffens/-ys *nf.* fence
fferi/s *nf.* ferry
fferyllydd/fferyllwyr *nm.* pharmacist
ffi/ffioedd *nm.* fee
ffibr/-au *nm.* fibre
ffilm/-iau *nf.* film
ffin/-iau *nf.* border, frontier
ffit *adj.* fit
ffitio *v.* to fit
ffiws/-ys *nm.* fuse
fflach/-iadau *nm.* flash
fflam/-au *nf.* flame
fflat/-iau *nf.* flat; *adj.* flat
ffliw *nm.* 'flu
ffôl *adj.* foolish
ffon/ffyn *nf.* stick
ffôn/ffonau *nm.* telephone; ~ **bach** mobile phone; **ffôn lôn** mobile phone
ffonio *v.* to telephone
fforc/ffyrc *nf.* fork
ffordd/ffyrdd *nf.* way
fforddio *v.* to afford
fforest/-ydd *nf.* forest

fformiwla/fformiwlâu *nf.* formula
ffotograff/-au *nm.* photograph
Ffrainc *nf.* France
ffrâm/fframiau *nf.* frame
Ffrances/-au *nf.* Frenchwoman
Ffrancwr/Ffrancwyr *nm.* Frenchman
Ffrangeg *f.* French
ffres *adj.* fresh
ffrind/-iau *nm.* friend
ffrio *v.* to fry
ffrwydrad/-au *nm.* explosion
ffrwydro *v.* to explode
ffrwyth/-au *nm.* fruit
ffurf/-iau *nf.* form
ffurfio *v.* to form
ffurfiol *adj.* formal
ffŵl/ffyliaid *nm.* fool
ffwng *nm.* fungus
ffwr *nm.* fur
ffwrn/ffyrnau *nf.* oven
ffynnon/ffynhonnau *nf.* fountain

G

gadael *v.* to leave
gaeaf/-au *nm.* winter
gafael *v.* to grasp; *nf.* grasp
gafr/geifr *nf.* goat
gair/geiriau *nm.* word

gallu *nm.* ability; *v.* to be able; ~ **gweld** to be able to see
galluog *adj.* able
galw/-adau *nm.* call; *v.* to call
galwyn/-i *nm.* gallon
gamblo *v.* to gamble
gan *prep.* + *S.M.* by, with
gardd/gerddi *nf.* garden
garddwr/garddwyr *nm.* gardener
garej/-ys *nm.* garage
gartref *adv.* at home
gât/gatiau *nf.* gate
gefell/gefeilliaid *nm.* twins
geirfa/geirfâu *nf.* vocabulary
geiriadur/-on *nm.* dictionary
gelyn/-ion *nm.* enemy
gem/-au *nm.* gem
gêm/gemau *nf.* game; ~ **ryngwladol** international game
gemwaith *nm.* jewellery
gen *prep.* have; **mae car ~ i** I have a car
gên/genau *nf.* chin
geneth/-od *nf.* girl
geni *v.* to be born; **ces i fy ngeni yn…** I was born in
ger *prep.* near, by
gerllaw *adv.* nearby
germ/-au *nm.* germ

glan/-nau *nf.* bank (*of river*)
glân *adj.* clean
glas *adj.* blue
glaswellt *npl.* grass
glaw *nm.* rain; **bwrw** ~ to rain
glendid *nm.* cleanliness
glud/-ion *nm.* glue
glynu *v.* to stick
gobaith/gobeithion *nm.* hope
gobeithio *v.* to hope
godre/-on *nm.* bottom; ~**'r mynydd** the foot of the mountain
gofal/-on *nm.* care; ~ **dydd** day care
gofalu *v.* to care; ~ **am** to look after
gofalus *adj.* careful
gofalwr/gofalwyr *nm.* caretaker
gofidio *v.* to worry
gofod/-au *nm.* space
gofyn *v.* to ask
gogledd *nm.* north
gohebiaeth *nf.* correspondence
gôl/golau *nf.* goal
golau/goleuadau *nm.* light
golchi *v.* to wash
goleuo *v.* to light
gollwng *v.* to drop

golwg/golygon *nf.* appearance
golygfa/golygfeydd *nf.* scene
golygu *v.* to mean
golygus *adj.* handsome
gorau *adj.* best
gorffen *v.* to finish
Gorffennaf *nm.* July
gorffennol *nm.* past
gorffwys *v.* to rest
gorfodol *adj.* compulsory
gorliwio *v.* to exaggerate
gorllewin *nm.* west
gormod *adv., n.m..* too much; **~ o fwyd** too much food
goroesi *v.* to survive
gorsaf/-oedd *nf.* station; **~ heddlu** police station
gorwedd *v.* to lie down
gosod *v.* to put
gradd/-au *nf.* degree, grade
graddio *v.* to graduate
gram/-au *nm.* gram
gramadeg/-au *nm.* grammar
grant/-iau *nm.* grant
grawnwin *npl.* grapes
Grawys *nm.* Lent
gril/-iau *nm.* grill
grilio *v.* to grill
gris/-iau *nm.* step, stair

groser/-iaid *nm.* grocer
gr p/grwpiau *nm.* group
grym/-oedd *nm.* force
gwacáu *v.* to empty
gwaed *nm.* blood
gwaedu *v.* to bleed
gwael *adj.* bad
gwaeth *adj.* worse
gwag *adj.* empty
gwahanu *v.* to separate
gwahardd *v.* to prohibit
gwahodd *v.* to invite
gwahoddiad/-au *nm.* invitation
gwair/gweiriau *nm.* grass, hay
gwaith *nm.* work; **~ cartref** homework; **~ tŷ** housework
gwaith/gweithfeydd *nm.* work (*plant*)
gwall/-au *nm.* error
gwallgo *adj.* mad
gwallt *npl.* hair ; **~ melyn** blond hair
gwan *adj.* weak
gwanwyn *nm.* spring
gwarchod *v.* to protect
gwario *v.* to spend
gwarthus *adj.* disgraceful
gwas/gweision *nm.* servant
gwasanaeth/-au *nm.* service

gwasg/gweisg *nf.* publisher, printing press
gwasgu *v.* to press
gwastad *adj.* flat
gwau *v.* to knit
gwawr *nf.* dawn
gwddf/gyddfau *nm.* neck
gweddïo *v.* to pray
gweddw *adj.* widowed
gwefan/-nau *nf.* website
gwefus/-au *nf.* lip
gweiddi *v.* to shout
gweinidog/-ion *nm.* minister
gweinydd/-ion *nm.* waiter
gweinyddes/-au *nf.* waitress
gweithgar *adj.* active
gweithgaredd/-au *nm.* activity
gweithred/-oedd *nf.* deed
gweld *v.* to see
gwell *adj.* better; **mae'n well gen i** I prefer
gwella *v.* to get better
gwellt *npl.* straw, hay
gwelltyn/*gwellt* *n.m.* straw + [*drinking*]
gwelw *adj.* pale
gwely/-au *nm.* bed
gwendid *nm.* weakness
Gwener *nm.* Friday

gwenith *npl.* wheat
gwennol/gwenoliaid *nf.* swallow
gwenu *v.* to smile
gwenwyn *nm.* poison
gwenynen/gwenyn *nf.* bee
gwerin/-oedd *nf.* folk
gwers/-i *nf.* lesson
gwersyll/-oedd *nm.* camp
gwersylla *v.* to camp
gwerth/-oedd *nm.* value
gwerthu *v.* to sell
gwerthuso *v.* to evaluate
gwerthwr/gwerthwyr *nm.* seller
gwestai/gwesteion *nm.* host, guest
gwibdaith/gwibdeithiau *nf.* trip
gwin/-oedd *nm.* wine; **~ coch** red wine; **~ gwyn** white wine
gwir *adj.* true
gwirio *v.* to check
gwirionedd *nm.* truth
gwirioneddol *adj.* real
gwirod/-ydd *nm.* spirit (*alcoholic*)
gwisg/-oedd *nf.* dress; **~ nofio** swimming costume; **~ ysgol** school uniform
gwisgo *v.* to wear
gwlad/gwledydd *nf.* country
Gwlad Belg *nf.* Belgium
gwladaidd *adj.* rustic

gwladwriaeth/-au *nf.* state
gwlân *nm.* wool
gwledd/-oedd *nf.* feast
gwleidydd/-ion *nm.* politician
gwleidyddol *adj.* political
gwlyb *adj.* wet
gwlychu *v.* to wet, to get wet
gwm *nm.* gum
gwn/gynnau *nm.* gun
gŵn/gynau *nm.* gown; ~ **nos** night gown
gwneud *to do, to make;* ~ **cais** to make an application; ~ **cawl** to make a mess
gwnïo *v.* to sew
gwobr/-au *nf.* prize
gŵr/gw r *nm.* husband, man
gwraig/gwragedd *nf.* wife
gwrando *v.* to listen
gwregys/-au *nm.* belt
gwres *nm.* heat
gwresogydd *nm.* heater
gwrthdaro *v.* to conflict
gwrthod *v.* to refuse
gwrthwynebu *v.* to object
gwryw *adj.* male
gwrywaidd *adj.* male
gwter/-i *nf.* gutter
gwthio *v.* to push

gwybedyn/gwybed *nm.* fly, gnat
gwybod *v.* to know
gwybodaeth *nf.* knowledge
gwych *adj.* great, excellent
gwyddbwyll *nm.* chess
gwyddoniaeth *nf.* science
gwyddonol *adj.* scientific
gwyddonydd/gwyddonwyr *nm.* scientist
gwyddor/-au *nf.* science, alphabet
gwydn *adj.* tough
gwydr/-au *nm.* glass
gwydraid *nm.* glassful
gŵyl/gwyliau *nf.* festival
gwyliau *npl.* holidays
gwylio *v.* to watch
gwyliwr/gwylwyr *nm.* spectator
gwyllt *adj.* wild
gwymon *npl.* seaweed
gwyn *adj.* white
gwynt/-oedd *nm.* wind
gwyrdd *adj.* green
gyda *prep.* +SP.M. with; ~ **'i**
gilydd together

H

haearn *nm.* iron
haen/-au *nf.* strata, layer
haerllug *adj.* cheeky

haf/-au *nm.* summer
haint/heintiau *nf.* disease
halen *nm.* salt
hallt *adj.* salty,
ham *nm.* ham
hamdden *nm.* leisure
hanes *nm.* history
hanesydd/haneswyr *nm.* historian
hanesyddol *adj.* historic
hanner/haneri *nm.* half
hapus *adj.* happy
hapusrwydd *nm.* happiness
harbwr *nm.* harbour
hardd *adj.* beautiful, handsome
haul/heuliau *nm.* sun
heb *prep.*+ S.M. without; ~ **awdurdod** without authority
heblaw *prep.* apart from
Hebraeg *nf.* Hebrew
hebrwng *v.* to accompany
heddiw *adv.* today
heddlu/-oedd *nm.* police
heddwas/heddweision *nm.* policeman
heddwch *nm.* peace
hedfan *v.* to fly
hediad/-au *nm.* flight
hefyd *adv.* also
heini *adj.* sprightly, fit

heintio *v.* to infect
hela *v.* to hunt
helmed/-au *nf.* helmet
helo *inter.* hello
help *nm.* help
helpu *v.* to help
helpwr/helpwyr *nm.* helper
hen *adj.* old; ~ **dad-cu** *nm.*great grandfather; ~ **fam-gu** *nf.* great grandmother; ~ **ferch** *nf.* spinster; ~ **fyd** *nm.* antiquity; ~ **lanc** *nm.* bachelor; ~ **ffasiwn** *adj.* old fashioned
heno *adv.* tonight
henoed *npl.* elderly people
heol/-ydd *nf.* road
het/-iau *nf.* hat
heulog *adj.* sunny
hi *pron.* she
hil/-iau *nf.* race (*people*)
hiliaeth *nf.* racism
hinsawdd/hinsoddau *nf.* climate
hiraeth *nm.* longing
hiwmor *nm.* humour
hoci *nm.* hockey; ~ **iâ** ice hockey
hoelen/hoelion *nf.* nail
hoelio *v.* to nail
hoff *adj.* favourite
hofrennydd/hofrenyddion *nm.*

Welsh > English dictionary

helicopter
holi *v.* to ask
holl *adj.* all; **yr ~ wlad** all the country
hon *pron./adj. f.* this, this one
hongian *v.* to hang
hosan/-au *nf.* sock
hostel/-i *nf.* hostel; **~ ieuenctid** youth hostel
hoyw *adj.* gay
hud *nm.* magic
hufen *nm.* cream; **~ eillio** shaving cream; **~ haul** sun cream; **~ iâ** ice cream
hunan *pron.* self
hunanladdiad/-au *nm.* suicide
hunan-wasanaeth *nm.* self-service
hunllef/-au *nm.* nightmare
hurio *v.* to hire
hwn *pron./adj. m.* this, this one
hwy *pron.* they; *adj.* longer
hwyl/-iau *nf.* fun, mood, sail; **mewn hwyliau da** in a good mood; **~ fawr** good-bye;
hwylio *v.* to sail
hwyr *adj.* late
hwyraf *adj.* latest
hyd/-oedd *nm.* length; *prep.* + S.M. along; **~ yn oed** even

hyder *nm.* confidence
Hydref *nm.* October
hydref *nm.* autumn
hyfryd *adj.* lovely, pleasant
hyfforddiant *nm.* training
hylif/-au *nm.* fluid
hyn *prep./adj. pl.* this, these
hynafiaid *npl.* ancestors
hynafol *adj.* ancient
hysbyseb/-ion *nf.* advertisement
hysbysebu *v.* to advertise
hysbysu *v.* to inform

I

i *prep.* + S.M. to; **~ ffwrdd** away; **~ fyny** up; **~ fyny'r grisiau** up the stairs; **~ gyd** all; **~ mewn i** into; **~ 'r chwith** to the left; **~ 'r dde** to the right
iâ *nm.* ice
iach *adj.* healthy
iaith/ieithoedd *nf.* language
Iau *nm.* Thursday
iawn *adj.* real; *adv.* very
Iddew/-on *nm.* Jew
ie *adv.* yes
iechyd *nm.* health; **~ da!** good health! cheers!
ieuenctid *nm.* youth

ifanc *adj.* young
ildio *v.* to yield
inc/-iau *nm.* ink
incwm/incymau *nm.* income
Ionawr *nm.* January
isaf *adj.* lowest, bottom
isel *adj.* low
isod *adv.* below
Israel *nf.* Israel

J

jam/-iau *nm.* jam
jar/-iau *nm.* jar
jîns *npl.* jeans
jôc/-s *nf.* joke

L

label/-i *nf.* label
lager *nm.* lager
lamp/-iau *nf.* lamp
lan *adv.* up; **~ llofft** upstairs
lapio *v.* to wrap
larwm/larymau *nm.* alarm
lawnt/-iau *nf.* lawn
lemwn/-au *nm.* lemon
lens/-ys *nf.* lens
lês *nf.* lease
lifft/-iau *nm.* lift

litre/-au *nm.* litre
lolfa/lolfeydd *nf.* lounge
lôn/lonydd *nf.* lane
loncian *v.* to jog
londri *nm.* laundry
lori/lorïau *nf.* lorry, bus
losin *npl.* sweets
lwc *nf.* luck; **pob ~** good luck

LL

llac *adj.* slack
llacio *v.* to slacken
lladd *v.* to kill
llaeth *nm.* milk *[S.W.]*
llafar *adj.* oral
llafn/-au *nf.* blade
llai *adj.* less
llaid *nm.* mud
llais/lleisiau *nm.* voice
llaith *adj.* damp
llanast *nm.* mess
llanw *nm.* tide; *v.* to fill
llaw/dwylo *nf.* hand; **ail ~** secondhand
llawdriniaeth/-au *nf.* operation
llawen *adj.* happy; **Nadolig ~** Merry Christmas
llawenydd *nm.* joy
llawer *nm.* a lot, many

llawes/llewys *nf.* sleeve
llawfeddyg/-on *nm.* surgeon
llawlyfr/-au *nm.* handbook, brochure
llawn *adj.* full
llawr/lloriau *nm.* floor
lle/-oedd *nm.* place; **~ gwag** empty space; **~ tân** fireplace
lledr *nm.* leather
llefrith *nm.* milk [N.W.]
lleiafrif/-oedd *nm.* minority
lleiafswm *nm.* minimum
lleidr/lladron *nm.* thief
lleihau *v.* to lessen, to diminish
lleithder *nm.* dampness
llen/-ni *nf.* curtain
llencyndod *nm.* adolescence
llenyddiaeth/-au *nf.* literature
lleol *adj.* local
lleoli *v.* to locate
lles *nm.* benefit, welfare
llethr/-au *nf.* slope
llety/-au *nm.* lodging
lleuad/-au *nf.* moon
llewygu *v.* to faint
lliain/llieiniau *nm.* cloth; **~ bwrdd** tablecloth
llid *nm.* anger
llifo *v.* to flow

llifogydd *npl.* flood
llinell/-au *nf.* line
llinyn/-nau *nm.* string
llithren/-nau *nf.* slide
llithro *v.* to slip
lliw/-iau *nm.* colour; **~ haul** suntan
lloches/-au *nf.* shelter
Lloegr *nf.* England
llofnod/-ion *nm.* autograph, signature
llofrudd/-ion *nm.* murderer
llofruddiaeth/-au *nf.* murder
llofruddio *v.* to murder
llogi *v.* to rent, to hire
llon *adj.* happy
llond *adv.* full; **~ llaw** handful
llong/-au *nf.* ship
llongyfarch *v.* to congratulate
llongyfarchiadau *npl.* congratulations
llosgi *v.* to burn
lludw *nm.* ash, ashes
llun/-iau *nm.* picture
Llun *nm.* Monday
llungopïo *v.* to photocopy
lluosi *v.* to multiply
lluosog *nm.* plural
llwch *nm.* dust

llwgu *v.* to starve
llwnc *nm.* throat
llwy/-au *nf.* spoon; **~ de** teaspoon; **~ fwrdd** tablespoon
llwybr/-au *nm.* path; **~ cyhoeddus** public footpath
llwyd *adj..* gray
llwyddiant/llwyddiannau *nm.* success
llwyddo *v.* to succeed
llwyfan/-au *nmf.* stage
llwyth/au *nm.* tribe; **/-i** *nm.* load
llyfr/-au *nm.* book; **~ ffôn** phone book; **~ gosod** textbook; **~ nodiadau** notebook
llyfrgell/-oedd *nf.* library; **~ Genedlaethol Cymru** Welsh National Library
llyfrgellydd/llyfrgellwyr *nm.* librarian
llygad/llygaid *nm.* eye
llygoden/llygod *nf.* mouse; **~ fawr** rat
llyn/-noedd *nm.* lake
llyncu *v.* to swallow
llynges/-au *nf.* navy
llys/-oedd *nm.* court
llysiau *npl.* vegetables

llythyr/-au *nm.* letter (*post*)
llythyren/llythrennau *nm.* letter (*of a word*)
llywio *v.* to guide, to steer
llywodraeth/-au *nf.* government; **~ leol** local government
llywydd/-ion *nm.* president

M

mab/meibion *nm.* son
mab yng nghyfraith *nm.* son-in-law
mabwysiadu *v.* to adopt
machlud/-oedd *nm.* sunset
madarchen/madarch *nf.* mushroom
maddau *v.* to forgive
maes/meysydd *nm.* field; **~ awyr** airport; **~ parcio** parking lot, parking garage
maestref/-i *nf.* suburb
Mai *nm.* May
mainc/meinciau *nf.* bench
maint/meintiau *nm.* size
malu *v.* to destroy, to grind; **~ awyr** to talk nonsense
mam/-au *nf.* mother
mam yng nghyfraith *nf.* mother-

in-law

mam-gu/mamau cu *nf.* grandmother *[S.W.]*

mamol *adj.* motherly

mamwlad/mamwledydd *nf.* homeland

man/-nau *nmf.* place; **~ gwyliau** holiday resort

maneg/menig *nf.* glove

mantais/manteision *nf.* advantage

map/-iau *nm.* map

marc/-iau *nm.* mark

marchnad/-oedd *nf.* market

marcio *v.* to mark

marw *v.* to die; **buodd e farw** he died

marwol *adj.* deadly

marwolaeth/-au *nf.* death

masg/-iau *nm.* mask

masnach *nf.* trade

masnachu *v.* to trade

masnachwr/masnachwyr *nm.* trader

mat/-iau *nm.* mat

mater/-ion *nm.* matter

math/-au *nm.* type; **pa fath o?** what kind of?

matras/matresi *nm.* mattress

mawr *adj.* big

Mawrth *nm.* March

mecanig *nm.* mechanic

meddal *adj.* soft

meddiannu *v.* to possess, to occupy

meddiant/meddiannau *nm.* possession

meddw *adj.* drunk; **mae e'n feddw** he's drunk

meddwl *v.* to think

meddyg/-on *nm.* doctor

Medi *nm.* September

Mehefin *nm.* June

meistr/-i *nm.* master

meistroli *v.* to master

meithrinfa/meithrinfeydd *nf.* playgroup, nursery

mêl *nm.* honey

melin/-au *nf.* mill

mellten/mellt *nf.* lightning

melyn *adj.* yellow

melys *adj.* sweet

mentro *v.* to venture

menyw/-od *nf.* woman

merch/-ed *nf.* girl, daughter

merch yng nghyfraith *nf.* daughter-in-law

Mercher *nm.* Wednesday

mesur *v.* to measure

metalig *adj.* metallic

metel/-au *nm.* metal

methiant/methiannau *nm.* failure

Methodistiaid *npl.* Methodists

methu *v.* to fail; **~ â gweld** to fail to see

metr/-au *nm* metre

mewn *prep.* in

mewnfudo *v.* to immigrate

mewnol *adj.* inner, inside

migwrn/migyrnau *nm.* ankle

mil/-oedd *nf.* thousand

miliwn/miliynau *nf.* million

milltir/-oedd *nf.* mile

milwr/milwyr *nm.* soldier

milwrol *adj.* military

min *nm.* edge

miniog *adj.* sharp

minlliw *nm.* lipstick

mintys *npl.* mint

minws *prep.* minus

mis/-oedd *nm.* month

misol *adj.* monthly

modd/-ion *nm.* means

moddion *npl.* medicine

model/-au *nm.* model

modem *nm.* modem

modern *adj.* modern

modfedd/-i *nf.* inch

modrwy/-on *nf.* ring (*finger*); **~ briodas** wedding ring

modryb/-edd *nf.* aunt

modur/-on *nm.* motor, car

moel *adj.* bald

moeth/-au *nm.* luxury

moment/-au *nf.* moment

môr/moroedd *nm.* sea

mordaith/mordeithiau *nf.* voyage

morgais/morgeisi *nm.* mortgage

morwr/morwyr *nm.* sailor

morwyn/morynion *nf.* maid

mud *adj.* mute, dumb

mudiad/-au *nm.* movement; **~ Ysgolion Meithrin** Welsh Playgroup Movement

munud/-au *nmf.* minute

mur/-iau *nm.* wall

mwclis/-au *nm.* necklace

mwd *nm.* mud

mwg *nm.* smoke

mwnci/mwncïod *nm.* monkey

mwstard *nm.* mustard

mwstás *nm.* moustache

mwy *adj./nm.* more; **~ na thebyg** probably

mwyaf *adj.* most, greatest

mwyafrif/-oedd *nm.* majority

mwyafswm *nm.* most, maximum

mwynhau *v.* to enjoy
myfyriwr/myfyrwyr *nm.* student
mynach/-od *nm.* monk
mynachlog/-ydd *nf.* monastery
mynd *v.* to go; ~ **â** + *SP.M.* to take; ~ **am dro** to go for a walk; ~ **i mewn** to go in; ~ **yn** to become
mynedfa/mynedfeydd *nf.* entrance (*door*)
mynediad/-au *nm.* entrance
mynegi *v.* to express
mynnu *v.* to insist
mynwent/-ydd *nf.* cemetery

N

na *adv.* no; *prep.*+ *SP.M.* than; *pron* +*S.M.*/+*SP.M* before 'c', 'p', t'. that not
naddo *adv.* no
Nadolig *nm.* Christmas; ~ **Llawen** Merry Christmas
nai/neiaint *nm.* nephew
naill ai *conj.* either; ~ ... **neu** either ... or
nain/neiniau *n.f.* grandmother [*N.W.*]
nam/-au *nm.* fault
nant/nentydd *nf.* stream

natur *nf.* nature
naturiol *adj.* natural
naw *num.* nine
nawr *adv.* now
neb *pron.* no one
nef *nf.* heaven
nefoedd *nf.* heaven
neges/-au/-euon *nf.* message
negyddol *adj.* negative
neidio *v.* to jump
neidr/nadredd *nf.* snake
neis *adj.* nice
nen *nf.* heaven, sky
nenfwd/nenfydau *nm.* ceiling
nerf/-au *nm.* nerve
nerfus *adj.* nervous
nerth/-oedd *nm.* strength
nesaf *adj.* next
neu *conj.* or
neuadd/-au *nf.* hall
newid *v.* to change
newydd *adj.* new
newyddion *npl.* news
newyn *nm.* hunger
nhw *pron.* they, them
ni *pron.* we, us
nid *neg.* not
nifer/-oedd *nmf.* number
niferus *adj.* numerous

nith/-oedd *nf.* niece
niwed/niweidiau *nm.* damage
niweidio *v.* to damage
niwl/-oedd *nm.* mist, fog
niwtral *adj.* neutral
nodi *v.* note
nodweddiadol *adj.* typical
nodwydd/-au *nf.* needle
nodyn/nodiadau *nm.* note
noeth *adj.* naked
nofel/-au *nf.* novel
nofelydd/nofelwyr *nm.* novelist
nofio *v.* to swim
normal *adj.* normal
nos/-au *nf.* night; ~ **Galan** New Year's Eve; ~ **yfory** tomorrow night
noswaith/nosweithiau *nf.* evening; ~ **dda** good evening
nwy/-on *nm.* gas
nwyddau *npl.* goods
nyrs/-ys *nf.* nurse
nyth/-od *nmf.* nest

O

o *prep.* + *S.M.* of, from; ~ **o dan** + *S.M.* under; ~ **fewn** within; ~ **flaen** in front of; ~ **gwmpas** around; ~ **hyd** still, always; ~

leiaf at least
ochr/-au *nf.* side
ocsiwn/ocsiynau *nm.* auction
od *adj.* odd, strange
oed *nm.* age
oedi *v.* to delay
oedolyn/oedolion *nm.* adult
oedran/-nau *nm.* age
oedrannus *adj.* elderly
oer *adj.* cold
oergell/-oedd *nf.* refrigerator
offeiriad/-on *nm.* priest
offer *npl.* equipment
offeryn/offer *nm.* instrument; ~ **cerdd** musical instrument
ofn/-au *nm.* fear
ofnadwy *adj.* awful
ofnus *adj.* afraid, fearful
ogof/-âu *nf.* cave
oherwydd *prep.* because
ôl/olion *nm.* remain, trace
olaf *adj.* last
olew/-on *nm.* oil
oll *adj.* all
olwyn/-ion *nf.* wheel; ~ **sbâr** spare wheel
ond *conj.* but
ongl/-au *nf.* angle
oni bai *conj.* but for, except that

optegydd/optegwyr *nm.* optician
oren/-nau *nmf.* orange
organ/-au *nf.* organ
oriawr/oriorau *nm.* watch
oriel/-au *nf.* gallery
os *conj.* if; ~ **gwelwch yn dda** please
osgoi *v.* to avoid
owns/-ys *nm.* ounce

P

pa *interrog.* + *S.M.*. which, what; ~ **fath o** what kind of
pab/-au *nm.* pope
pabell/pebyll *nf.* tent
pacio *v.* to pack
padell/-i *nf.* pan; ~ **ffrio** frying pan
paent *nm.* paint
paffio *v.* to box
pafin *nm.* pavement
pam *interrog.* why
pans *nm.* briefs
papur/-au *nm.* paper; ~ **meddyg** prescription; ~ **newydd** newspaper; ~ **tŷ bach** toilet paper
pâr/parau *nm.* pair
paratoi *v.* to prepare

parc/-iau *nm.* park
parhad *nm.* continuation
parhau *v.* to continue
parlysu *v.* to paralyze
parod *adj.* ready
parti/partïon *nm.* party
partner/-iaid *nm.* partner
pasbort/-au *nm.* passport
pasio *v.* to pass
past dannedd *nm.* toothpaste
pe *conj.* if
pedair *num. f.* four
pedal/-au *nm.* pedal
pedwar *num. m.* four
pegwn/pegynau *nm.* pole
pei/-s *nm.* pie
peilot/-iaid *nm.* pilot
peintio *v.* to paint
peintiwr/peintwyr *nm.* painter
peiriant/peiriannau *nm.* engine; ~ **golchi** washing machine
pêl/peli *nf.* ball; ~ **bluen** badminton; ~ **-droed** football, soccer; ~ **fasged** basketball
pelydr/-au *nm.* ray; ~ **X** X ray
pen/-nau *nm.* head; ~ **blwydd** birthday; ~ **blwydd hapus!** happy birthday; ~ **mawr** hangover; ~ **tost** headache

pencampwriaeth/-au *nf.* championship
penderfyniad/-au *nm.* decision
penderfynu *v.* to decide
pendics *nm.* appendix (*body*)
pendro *nm.* dizziness
pen-lin/-iau *nm.* knee
pennaeth/penaethiaid *nm.* head, chief, school principal
pennawd/penawdau *nm.* heading
pennod/penodau *nf.* chapter
pensaer/penseiri *nm.* architect
pensaernïaeth *nf.* architecture
pensil/-iau *nm.* pencil
pensiynwr/pensiynwyr *nm.* pensioner, retiree
pentref/-i *nm.* village
pentwr/pentyrrau *nm.* heap, pile
penwythnos/-au *nm.* weekend
perchen *v.* to own
perchennog/perchenogion *nm.* owner
perffaith *adj.* perfect
peri *v.* to cause
perl/-au *nm.* pearl
persawr/-au *nm.* scent
person/-au *nm.* person; /-iaid *nm.* parson
perthyn *v.* to belong

perthynas/perthnasau *nf.* relation
perygl/-on *nm.* danger
peryglus *adj.* dangerous
peswch/pesychiadau *nm.* cough; **mae ~ arna i** I have a cough
pesychu *v.* to cough
peth/-au *nm.* thing
pib/-au *nf.* pipe
piben/pibau *nf.* pipe
picnic/-au *nm.* picnic
pigiad/-au *nm.* sting
pigo *v.* to sting
pilsen/pils *nf.* pill
pin/-nau *nm.* pin; ~ **cau** safety pin
pinc *adj.* pink
piws *adj.* purple
plaen *adj.* plain
plaid/pleidiau *nf.* party (*political*) ~ **Cymru** The Party of Wales; **y Blaid Geidwadol** the Conservative Party; **y Blaid Lafur** the Labour Party
planed/-au *nf.* planet
planhigyn/planhigion *nm.* plant
plastig/-au *nm.* plastic
plât/platiau *nm.* plate
pleidlais/pleidleisiau *nf.* vote;
pleidleisio *v.* to vote; ~ **dros** to vote for

plentyn/plant *nm.* child
plentyndod *nm.* childhood
pleser/-au *nm.* pleasure
plesio *v.* to please
plismon/plismyn *nm.* policeman
plismones/-au *nf.* policewoman
pluen/plu *nf.* feather; ~ **eira** snowflake
plwg/plygiau *nm.* plug
plws *prep.* plus
plygu *v.* to bend, to fold
pob *adj.* every; all; baked; ~ **hwyl** good-bye
pobl/-oedd *nf.* people
poblogaeth/-au *nf.* population
pobydd/-ion *nm.* baker
poced/-i *nm.* pocket
poen/-au *nmf.* pain
poeni *v.* to hurt, to worry
poenus *adj.* painful
poer *nm.* spit
polisi/polisïau *nm.* policy
polyn/polion *nm.* pole; ~ **pabell** tent pole
pont/-ydd *nf.* bridge
porc *nm.* pork
porcyn *adj.* nude
porfa/porfeydd *nf.* grass
porffor *adj.* purple

portread/-au *nm.* portrait
porthladd/-oedd *nm.* harbour
posibl *adj.* possible
post *nm.* post; ~ **awyr** air mail
postio *v.* to post
pot/-iau *nm.* pot
potel/-i *nf.* bottle
pothell/-au *nf.* blister
powdr/-au *nm.* powder
powlen/-ni *nf.* bowl
prawf/profion *nm.* test
preifat *adj.* private
prentis/-iaid *nm.* apprentice
presennol *adj.* present; *nm.* present
preswyl *adj.* residential
pridd/-oedd *nm.* soil, earth
prif *adj.* main; ~ **weinidog** prime minister
prifathro/prifathrawon *nm.* headteacher
prifddinas/-oedd *nf* capital city.
priffordd/priffyrdd *nf.* main road
prifysgol/-ion *nf.* university
priodas/-au *nf.* marriage
priodfab *nm.* groom
priodferch *nf.* bride
priodi *v.* to marry, to get married

priodol *adj.* appropriate
pris/-iau *nm.* price
prisio *v.* to price
problem/-au *nf.* problem
proffesiwn/proffesiynau *nm.* profession
proffil/-iau *nm.* profile
profi *v.* to prove, to test
profiad/-au *nm.* experience
promenâd/promenadau *nm.* promenade
prosiect/-au *nm.* project
Protestant/Protestaniaid *nm.* Protestant
protestio *v.* to protest
pryd/-au *nm.* meal; *interrog.* when
Prydain *nf.* Britain
pryder/-on *nm.* worry
prydferth *adj.* beautiful
pryf/-ed *nm.* insect; ~ **copyn** spider
prynhawn/-au *nm.* afternoon; ~ **'ma** this afternoon; ~ **heddiw** this afternoon
prynu *v.* to buy
prysur *adj.* busy
pump *num.* five
punt/punnoedd *nf.* pound (£)
pupur *nm.* pepper

pur *adj.* pure
pwdin/-au *nm.* pudding
pwdr *adj.* rotten
pwll/pyllau *nm.* ; ~ **glo** coal mine; ~ **nofio** swimming pool
pwmp/pympiau *nm.* pump
pwmpio *v.* to pump
pwnc/pynciau *nm.* subject
pwrpas/-au *nm.* purpose
pwrs/pyrsiau *nm.* purse
pwy *interrog.* who
pwyllgor/-au *nm.* committee
pwynt/-iau *nm.* point
pwyntio *v.* to point
pwys/-au *nm.* weight; /-i *nm.* pound (*lb*)
pwysig *adj.* important
pwysigrwydd *nm.* importance
pwyso *v.* to weigh
pyjamas *nm.* pyjamas
pyls *nm.* pulse
pysgodyn/pysgod *nm.* fish; **pysgod cragen** shellfish
pysgota *v.* to fish
pysgotwr/pysgotwyr *nm.* fisherman

R

'r *art.* the
raced/-i *nf.* racket
radio *nm.* radio
ras/-ys *nf.* race
real *adj.* real
record/-iau *nmf.* record
reid/-iau *nf.* ride
reis *nm.* rice
restio *v.* to arrest
risg/-iau *nm.* risk
rôl/rolau *nf.* role
rygbi *nm.* rugby
rysáit/ryseitiau *nm.* recipe

RH

rhad *adj.* cheap
rhaff/-au *nf.* rope
rhag *prep.* from, lest; **RHAG** Parents for Welsh Education
Rhagfyr *nm.* December
rhaglen/-ni *adj.* program
rhagolwg/rhagolygon *nm.* forecast; **rhagolygon y tywydd** weather forecast
rhagor *nm.* more
rhagori *v.* to excel
rhai *pron.* some

rhaid *nm.* necessity; **mae ~ i fi** I must
rhain *pron.* these
rhamant/-au *nf.* romance
rhan/-nau *nf.* part
rhan-amser *adj.* part-time
rhedeg *v.* to run
rhegi *v.* to swear
rheilffordd/rheilffyrdd *nf.* railway
rheiny *pron.* those
rhent/-i *nm.* rent
rheol/-au *nf.* rule
rheoli *v.* to rule, to control
rheolwr/rheolwyr *nm.* ruler
rhes/-i *nf.* row
rhestr/-i *nf.* list
rhestru *v.* to list
rheswm/rhesymau *nm.* reason
rhesymu *v.* to reason
rhewgell/-oedd *nf.* freezer
rhewllyd *adj.* icy
rhiant/rhieni *nm.* parent; **rhieni cu** grand-parents
rhif/-au *nm.* number
rhiw/-iau *nmf.* hill
rhodd/-ion *nf.* gift
rhoddi *v.* to give
rhoi *v.* to give; **~ gwybod** to inform

rholio *v.* to roll
rhuban/-au *nm.* ribbon
rhugl *adj.* fluent
rhuthro *v.* to rush
rhwd *nm.* rust
rhwng *prep.* between
rhwyd/-i *nm.* net
rhwymyn/rhwymau *nm.* bandage
rhwystr/-au *nm.* impediment, hindrance
rhybudd/-ion *nm.* warning
rhybuddio *v.* to warn
rhyddid *nm.* freedom
rhydu *v.* to rust
rhyfedd *adj.* strange
rhyfeddu *v.* to wonder
rhyfel/-oedd *nm.* war
rhyngrwyd *nm.* internet
rhyngwladol *adj.* international
rhythm/-au *nm.* rhythm
rhyw/-iau *nf.* sex, gender; *nmf.* sort; *adj.* some
rhywbeth *nm.* something
rhywiol *adj.* sexy
rhywle *adv.* somewhere
rhywrai *pron.* some people
rhywun *nm.* someone

S

Sabath *nm.* Sabbath
sach/-au *nf.* sack; **~ gefn** backpack; **~ gysgu** sleeping bag
Sadwrn *nm.* Saturday
saer/seiri *nm.* carpenter
Saesneg *nf.* English
Saesnes/-au *nf.* Englishwoman
saeth/-au *nf.* arrow
saethu *v.* to shoot
safle/-oedd *nm.* position
safon/-au *nf.* standard
sail/seiliau *nm.* foundation
sain/seiniau *nm.* sound
Sais/Saeson *nm.* Englishman
saith *num.* seven
sâl *adj.* ill
salad/-au *nm.* salad
salw *adj.* ugly
salwch *nm.* illness; **~ môr** seasickness
sampl/-au *nm.* sample
sanctaidd *adj.* holy
sandal/-au *nm.* sandal
sarhau *v.* to insult
sawl *adj.* several; *interrog.* how many
Sbaen *nf.* Spain

Sbaeneg *nf.* Spanish language
Sbaenes/-au *nf.* Spanish woman
Sbaenwr/Sbaenwyr *nm.* Spaniard
sbardun/-au *nm.* accelerator
sbectol/-au *nf.* spectacles; ~ **haul** sun glasses
sbwng *nm.* sponge
sbwriel *nm.* trash
sbwylio *v.* to spoil
sebon/-au *nm.* soap
sedd/-au/-i *nf.* seat
sefydliad/-au *nm.* institution
Seisnig *adj.* English
sêl/-s *nf.* sale
seler/-ydd *nf.* cellar
seremoni/seremonïau *nf.* ceremony
seren/sêr *nf.* star
set/-iau *nf.* set; ~ **deledu** television set
setlo *v.* to settle
sgarff/-iau *nf.* scarf
sgert/-iau *nf.* skirt
sgi/-s *nm.* ski
sgio *v.* to ski;
sgrifennu *v.* to write
sgwâr/sgwarau *nm.* square
sgwrs/sgyrsiau *nf.* conversation, chat

sgwrsio *v.* to chat, to converse
shwmae *inter.* hello, how are you
siaced/-i *nf.* jacket; ~ **achub** life jacket
siampŵ /-s *nm.* shampoo
siarad *v.* to talk; ~ **â** to talk to
siarc/-od *nm.* shark
siawns/-au *nf.* chance
sidan/-au *nm.* silk
sidanaidd *adj.* silky
siec/-iau *nf.* cheque; ~ **deithio** traveler's cheque
sigâr/sigarau *nf.* cigar
sigarét/-s/-au *nf.* cigarette
silff/-oedd *nf.* shelf; ~ **lyfrau** bookshelf
sillafu *v.* to spell
sinc *nm.* sink
sinema/sinemâu *nf.* cinema
sioc/-iau *nm.* shock
sioe/-au *nf.* show
siom/-au *nmf.* disappointment
siomi *v.* to disappoint
Siôn Corn *nm.* Santa Claus
siop/-au *nf.* shop; ~ **bapur** newsagent; ~ **ddillad** clothes shop; ~ **goffi** coffee shop; ~ **lyfrau** bookstore
siopa *v.* to shop

siswrn/sisyrnau *nm.* scissors
siwgr/-au *nm.* sugar
siwmper/-i *nf.* jumper, pullover
siŵr *adj.* sure
siwrnai/siwrneiau *nf.* journey
siwt/-iau *nf.* suit; ~ **nofio** swimsuit
smwddio *v.* to iron
soffa *nf.* sofa
solid *adj.* solid
sôn *v.* to mention
stadiwm/stadiymau *nm.* stadium
staen/-au *nm.* stain
staer *npl.* stairs
stafell/-oedd *nf.* room; ~ **wely** bedroom; ~ **ymolchi** bathroom
stamp/-iau *nm.* stamp
stecen/stêcs *nf.* steak
stôl/stolion *nf.* stool
stordy/stordai *nm.* warehouse, storeroom
stori/storïau *nf.* story
storio *v.* to store
storm/-ydd *nf.* storm
straen *nm.* strain
stryd/-oedd *nf.* street
stumog/-au *nf.* stomach
sudd/-oedd *nm.* juice; ~ **lemwn** lemon juice; ~ **oren** orange

juice
suddo *v.* to sink
sugno *v.* to suck
Sulgwyn *nm.* Whitsun
sur *adj.* sour
sut *interrog.* how
sw/s *au* *nm.* zoo
swits/-ys *nm.* switch
swm/symiau *nm.* sum
sŵn/synau *nm.* sound, noise
swnllyd *adj.* noisy
swper/-au *nmf.* supper
swydd/-i *nf.* job, post; ~ **wag** vacancy
swyddfa/swyddfeydd *nf.* office; ~ **dwristaidd** tourist office; ~ **'r post** post office
swyddog/-ion *nm.* officer
swyn/-ion *nm.* charm
sych *adj.* dry
syched *nm.* thirst; **mae ~ arna i** I'm thirsty
sychedig *adj.* thirsty
sychu *v.* to dry
sylw/-adau *nm.* observation
sylweddoli *v.* to realize
sylwi *v.* to notice
syml *adj.* simple
symptom/-au *nm.* symptom

symud *v.* to move
symudiad/-au *nm.* movement
syniad/-au *nm.* idea
synnu *v.* to surprise
syr *nm.* sir
syrcas/-au *nm.* circus
syth *adj.* straight
sythu *v.* to shiver

T

tabl/-au *nm.* table
Tachwedd *nm.* November
tacsi/-s *nm.* taxi
tad/-au *nm.* father
tad yng nghyfraith *nm.* father-in-law
tad-cu/tadau cu *nm.* grandfather *[S.W.]*
tafarn/-au *nmf.* public house
tafell/-au *nf.* slice
taflen/-ni *nf.* leaflet
taflu *v.* to throw
tafodiaith/tafodieithoedd *nf.* dialect
tagu *v.* to choke, to strangle
taid/teidiau *n.m.* grandfather *[N.W.]*
tair *num.f.* three
taith/teithiau *nf.* journey; ~

gerdded hike
tâl/taliadau *nm.* pay
talcen/-ni *nm.* forehead
tan *prep.* + *S.M.* until
tân/tanau *nm.* fire; ~ **gwyllt** fireworks
tanio *v.* to fire, to start *[engine]*
taniwr/tanwyr *nm.* lighter, starter
tanwydd/-au *nf.* fuel
tap/-iau *nm.* tap
taran/-au *nf.* thunder
targed/-au *nm.* target
taro *v.* to hit, to strike
tarten/-au *nf.* tart
tawel *adj.* quiet, silent
tawelwch *nm.* silence
te *nm.* tea
tebot/-au *nm.* teapot
tebyg *adj.* alike
teg *adj.* fair
tegan/-au *nm.* toy
tegell/-au *nm.* kettle
tei/-s *nm.* tie
teiar/-s *nm* tire
teiliwr/teilwriaid *nm.* tailor
teimlad/-au *nm.* feeling
teimlo *v.* to feel
teisen/-nau *nf.* cake
teithio *v.* to travel

teithiwr/teithwyr *nm.* traveler
teleffôn/teleffonau *nm.* telephone
teitl/-au *nm.* title
teledu *nm.* television; **set deledu** *nf.* television set
telyn/-au *nf.* harp
teml/-au *nf.* temple
tenau *adj.* thin
tennis *nm.* tennis
teras/-au *nm.* terrace
terfyn/-au *nm.* limit, boundary
terfynol *adj.* final
testun/-au *nm.* text, subject
teulu/-oedd *nm.* family
tew *adj.* fat
theatr/-au *nf.* theater
thermomedr/-au *nm.* thermometer
ti *pron.* you
tîm/timau *nm.* team
tir/-oedd *nm.* land
tisian *v.* to sneeze
tlawd *adj.* poor
to/toeon *nm.* roof
tocyn/nau *nm.* ticket
toes *nm.* dough
toiled/-au *nm.* toilet
toll/-au *nf.* toll, tax
torf/-eydd *nf.* crowd

toriad/-au *nm.* break; ~ **gwallt** haircut
torri *v.* to break, to cut; ~ **lawr** to break down
torrwr gwallt *nm.* barber
torth/-au *nf.* loaf
tra *adv.* + *SP.M.* quite, very; *conj.* while
traddodiad/-au *nm.* tradition
traddodiadol *adj.* traditional
traeth/-au *nm.* beach
trafferth/-ion *nf.* difficulty
traffig *nm.* traffic
trafnidiaeth *nf.* traffic; ~ **gyhoeddus** public transport
trais *nm.* violence, rape
tramor *adj.* foreign
tramorwr/tramorwyr *nm.* foreigner
traul/-treuliau *nf.* expense
tref/-i *nf.* town
trefn/-au *nf.* order
trefnu *v.* to order, to sort, to arrange
trefol *adj.* urban
trên/trenau *nm.* train
treth/-i *nf.* tax
trethu *v.* to tax
treulio *v.* to spend

tri *num.m.* three

triniaeth/-au *nf.* treatment

trinydd gwallt *nm.* hairdresser

trist *adj.* sad

tro/troeon *nm.* turn, walk; **mynd am dro** to go for a walk

troed/traed *nf.* foot

troi *v.* to turn

tros *prep.* over

trosedd/-au *nmf.* crime

trowsus *nm.* trousers

trwm *adj.* heavy

trwsio *v.* to mend, to repair

trwy *prep.* + *S.M.* through

trwydded/-au *nf.* license

trwyn/-au *nm.* nose

trysor/-au *nm.* treasure

tsieni *nm.* china

tua *prep.* + *SP.M.* around, about

tuag at *prep.* + *S.M.* towards

tudalen/-nau *nf.* page

tuedd/-au *nf.* tendency

tun/-iau *nm.* tin

tusw/-au *nm.* posy

twf *nm.* growth; **Twf** Organisation for promoting use of Welsh in the home

twll/tyllau *nm.* hole; ~ **y clo** keyhole

twnnel/twnelau *nm.* tunnel

twpsyn/twpsod *nm.* fool

tŵr/tyrau *nm.* tower

twrist/twristiaid *nm.* tourist

twristiaeth *nf.* tourism

twyllo *v.* to cheat

twym *adj.* warm

tŷ /tai *nm.* house; ~ **bach** toilet; ~ **tafarn** public house

tyfu *v.* to grow

tymer *nf.* temper

tymheredd *nm.* temperature

tymor/tymhorau *nm.* term, season

tyn *adj.* tight

tynnu *v.* to pull; ~ **i ffwrdd** to take away, to take off

tyrfa/-oedd *nf.* crowd

tyst/-ion *nm.* witness

tystiolaeth/-au *nf.* evidence

tywel/-ion *nm.* towel; ~ **mislif** sanitary towel

tywod *nm.* sand

tywydd *nm.* weather

tywyll *adj.* dark

tywyllwch *nm.* darkness

tywys *v.* to guide, to lead

U

uchaf *adj.* highest

uchder *nm.* height

uchel *adj.* high

uchelgais *nmf.* ambition

uffern *nf.* hell

un *num.* one

undeb/-au *nm.* union; ~ **Ewropeaidd** European Union

uned/-au *nf.* unit

unig *adj.* only, lonely

unigrwydd *nm.* loneliness

union *adj.* straight; **yn ~** immediately

uno *v.* to join, to unite

Unol Daleithiau America *npl.* United States of America

unrhyw *adj.* any; ~ **un** anyone; ~ **beth** anything

unwaith *adv.* once

Urdd Gobaith Cymru *nf.* Welsh League of Youth

uwchben *prep.* above

W

wal/-iau *nf.* wall

waled/-i *nf.* wallet

wats/-ys *nm.* watch

wedi *prep.* after; *verbal* have; ~ **blino** tired; ~ **ei eni** born; ~ **'i ferwi** boiled; ~ **'i ffrio** fried

wedyn *adv.* then, afterwards

weithiau *adv.* sometimes

wincio *v.* to wink

wlser/-au *nm.* ulcer

wrth *prep.* + *S.M.* by, near; ~ **gwrs** of course; ~ **ochr** by the side of

wyneb/-au *nm.* face

wynwynen/wynwyn *nf.* onion

ŵyr/-ion *nm.* grandson

wyres/-au *nf.* granddaughter

wythnos/-au *nf.* week; ~ **nesaf** next week

Y

y *art.* the; **y cant** percent; **y ddau** *m.* both; **y ddwy** *f.* both; **y llynedd** last year; **y Môr Canoldir** the Mediterranean Sea; **y Pasg** Easter; **y Swistir** Switzerland; **y tu allan** outside; **y tu hwnt i** beyond; **y tu mewn** inside

ychwanegol *adj.* extra, additional

ychydig *nm.* a little, a few

yfory *adv.* tomorrow

yma *adv.* here

ymarfer *v.* to practice

ymarferol *adj.* practical

ymateb/-ion *nm.* response; *v.* to respond

ymbarél/ymbarelau *nm.* umbrella

ymddangos *v.* to appear

ymddeol *v.* to retire

ymddiheuro *v.* to apologize

Ymddiriedolaeth Genedlaethol *nf.* National Trust

ymddwyn *v.* to behave

ymddygiad *nm.* behaviour

ymdrochi *v.* to bathe

ymgais/ymgeisiadau *nm.* attempt

ymwelydd/ymwelwyr *nm.* visitor

ymhlith *prep.* among

ymlacio *v.* to relax

ymladd *v.* to fight; ~ â + *SP.M.* to fight with

ymlaen *adv.* forward

ymolchi *v.* to wash

ymuno *v.* to join

ymweld *to visit*; ~ â + *SP.M.* to visit

ymwelydd/ymwelwyr *nm.* visitor

ymyl/-on *nf.* edge; **yn** ~ near

yn *prep.*+ *N.M.* in; **yn agos at** near; **yn erbyn** against; **yn lle** instead of; **yn ôl** back,

yn *introduces verb or noun; changes adjective to adverb;* **yn aml** often; **yn barod** ready; **yn enwedig** especially; **yn gywir** yours sincerely; according to; **yn syth** straight, immediately; **yn unig** only, lonely

yna *adv.* then

yng nghanol *adv.* in the middle of

ynghanol *adv.* in the middle of

ynghwsg *adv.* asleep

ynghyd *adv.* together

yno *adv.* there

ynys/-oedd *nf.* island

ynysu *v.* to isolate

yr *art.* the; **yr Almaen** Germany; **yr Eidal** Italy; **yr un** each; **yr unig** the only; **yr Urdd** the Welsh League of Youth

ysbryd/-ion *nm.* spirit

ysbyty/ysbytai *nm.* hospital

ysgol/-ion *nf.* school, ladder; ~ **feithrin** nursery school; ~ **fonedd** private school; ~ **gyfun** comprehensive school; ~ **gynradd** primary school; ~ **uwchradd** secondary school

ysgrifbin/-nau *nf.* pen

ysgrifennu *v.* to write

ysgrifennydd/ysgrifenyddion *nm.* secretary

ysgrifenyddes/-au *nf.* secretary

ysgubo *v.* to sweep

ysgwyd *v.* to shake; ~ **llaw** to shake hands

ysgwydd/-au *nf.* shoulder

ystafell/-oedd *nf.* room; ~ **aros** waiting room; ~ **fyw** living room

ystyr/-on *nmf.* meaning

ystyried *v.* to consider

yswiriant *nm.* insurance

yswirio *v.* to insure

A

a *art.* (n)o Welsh equivalent

abbey *n.* abaty *m.*; mynachlog *f.*

ability *n.* gallu *m.*

able *adj.* galluog
to be able to gallu *v.*

about *prep.* am + *S.M. (about, at+ time)*; tua + *SP.M. (about+ time)*; o gwmpas *(around)*

above *prep* + *adv.* uwchben

abroad *adv.* dramor; *adj.* tramor

absent *adj.* absennol

absurd *adj.* ffôl *(foolish)*; afresymol *(unreasonable)*

abuse *v.* camddefnyddio; camddefnydd *nm.*

accent *n.* acen *f*

accept *v.* derbyn

accident *n.* damwain *f.*

accommodation *n.* llety *m.*

according to *prep.* yn ôl

account *n.* cyfrif *m.*

accurate *adj.* cywir

accuse *v.* cyhuddo

ace *n.* as *m.*

ache *n.* poen *mf.*; *v.* poeni, brifo

achieve *v.* cyflawni

acknowledge *v.* cydnabod

acquire *v.* cael *(receive)*; ennill *(gain)*

across *prep.* ar draws

act *n.* act/-au *f.; v.* actio

action *n.* gweithred *f. (deed)*; hwyl *f (fun)*

active *adj.* bywiog *(lively)*; gweithgar *(working)*

activity *n.* gweithgaredd *m.*

actor *n.* actor *m*;

actress *n.* actores *f*

adapt *v.* addasu

add *v.* adio, ychwanegu

address *n.* cyfeiriad *(house)*; araith *(speech)*

admire *v.* edmygu

adopt *v.* mabwysiadu

adult *n.* oedolyn *m.*

advantage *n.* mantais *f.*

adventure *n.* antur *m.*

advertise *v.* hysbysebu

advertisement *v.* hysbyseb *f.*

advice *n.* cyngor *m.*

aerolane *n.* awyren *f.*

affect *v.* effeithio

afford *v.* fforddio

afraid *adj.* ofnus; **I'm afraid** Mae ofn arna i

Africa *n.* Affrica *f.*

after *prep.* ar ôl, wedi

afternoon *n.* prynhawn *m.*

again *adv.* eto

against *prep.* yn erbyn

age *n.* oed *m.*

ago *adv.* yn ôl

agree *v.* cytuno

ahead *adv.* ymlaen, ar y blaen

air *n.* awyr *f.*; **fresh ~** awyr iach

airport *n.* maes awyr *m.*

alarm *n.* larwm *m.*

alarm clock *n.* cloc larwm *m.*

alcohol *n.* alcohol *m.*

alike *adj.* tebyg

alive *adj.* byw

all *pr.* pawb

allow *v.* caniatáu

almost *adv.* bron

alone *adv.* ar ei ben ei hun *m.*; ar ei phen ei hun *f.*

aloud *adv.* yn uchel

alphabet *n.* gwyddor *f.*

already *adv.* yn barod, eisoes

also *adv.* hefyd

always *adv.* bob amser

amaze *v.* rhyfeddu

ambulance *n.* ambiwlans *m.*

America *n.* America *f.*

American *n.* Americanwr *m.*; Americanes *f.*; *adj.* Americanaidd

among *prep.* ymhlith

amount *m.* swm *m.*

ancient *adj.* hynafol

and *conj.* a + *SP.M.*, ac

angel *n.* angel *m.*

anger *n.* dicter *m.*

angle *n.* ongl *f.*

angry *adj.* dig

animal *n.* anifail *m.*

ankle *n.* migwrn *m.*

annual *adj.* blynyddol

another *adj.* arall

answer *n.* ateb *m.*

anxiety *n.* pryder *m.*

anxious *adj.* pryderus

any *adj.* unrhyw

anybody *n.* unrhyw un *mf.*

apart *prep.* ar wahân

apologize *v.* ymddiheuro

appearance *n.* golwg *mf.*

apple *n.* afal *m.*

application *n.* cais *m.*

apply *v.* ymgeisio, gwneud cais

approve *v.* cymeradwyo

April *n.* Ebrill *m.*

Arab *n.* Arab *m.*; *adj.* Arabaidd

arch *n.* bwa *m.*
architecture *n.* pensaernïaeth *f.*
archive *n.* archif *m.*
area *n.* ardal *f.* [*region*]
argument *n.* dadl *f.*
arm *n.* braich *f.*
armchair *n.* cadair freichiau *f.*
army *n.* byddin *f.*
around *prep.* o gwmpas
arrest *v.* restio
arrive *v.* cyrraedd
arrow *n.* saeth *f.*
art *n.* celfyddyd *f.*; celf *f.*
article *n.* erthygl *f.*
artificial *adj.* artiffisial
artist *n.* artist *m.*
as *conj.* fel
ash *n.* lludw *m.*, llwch *m.*
ashtray *n.* blwch llwch *m.*
ask *v.* gofyn
assist *v.* cynorthwyo
assistant *n.* cynorthwywr *m.*, cynorthwywraig *f.*
assure *v.* sicrhau
at *prep.* ger, wrth + *S.M.*, yn (*in*) + *N.M.*
athlete *n.* athletwr *m.*
ATM *n.* peiriant arian *m.*
attempt *v.* ceisio; *n.* ymdrech *f.*

attention *n.* sylw *m.*
attitude *n.* agwedd *f.*
attract *v.* denu
attractive *adj.* deniadol
auction *n.* ocsiwn *f.*
August *n.* Awst *m.*
aunt *n.* modryb *f.*
Australia *n.* Awstralia *f.*
Austria *n.* Awstria *f.*
author *n.* awdur *m.*, awdures *f.*
authority *n.* awdurdod
automatic *adj.* awtomatig
available *adj.* ar gael
average *n.* cyfartaledd *m.*
avoid *v.* osgoi
away *adv.* i ffwrdd
awful *adj.* ofnadwy

B

baby *n.* baban *m.*
baby-sit *v.* gwarchod
back *adv.* yn ôl; *n.* cefn *m.*
backbone *n.* asgwrn cefn *m.*
backwards *adv.* tuag yn ôl
bacteria *n.* bacteria *mpl.*
bad *adj.* gwael, drwg
bag *n.* bag *m.*
bake *v.* pobi
baker *n.* pobydd *m.*

balance *v.* cydbwyso; *n.* balans *m.* [*bank*]
bald *adj.* moel
ball *n.* pêl *f.*
ballet *n.* bale *m.*
ballpoint pen *n.* beiro *m.*
ban *v.* gwahardd; *n.* gwaharddiad *m.*
band *n.* band *m.*
bandage *n.* rhwymyn *m.*
bank *n.* banc *m.*
banker *n.* banciwr *m.*
baptism *n.* bedydd *m.*
bar *n.* bar *m.*
barber *n.* barbwr *m.*, torrwr gwallt *m.*
bard *n.* bardd *m.*
bare *adj.* noeth
bargain *n.* bargen *f.*
basin *n.* basn *m.*
basket *n.* basged *f.*
bath *n.* bath *m.*
bathe *v.* ymdrochi
bathroom *n.* stafell ymolchi *f.*
bathtub *n.* bath *m.*
battery *n.* batri *m.*
bay *n.* bae *m.*
be *v.* bod
beach *n.* traeth *m.*
beard *n.* barf *f.*

beat *v.* curo; *n.* curiad *m.*
beautiful *adj.* prydferth
beauty *n.* prydferthwch *m.*
because *conj.* achos, oherwydd
become *v.* dod yn
bed *n.* gwely *m.*
bedroom *n.* stafell wely *f.*
bee *n.* gwenynen *f.*
beer *n.* cwrw *m.*
before *prep.* cyn
beg *v.* cardota
begin *v.* dechrau
beginner *n.* dechreuwr *m.*
beginning *n.* dechreuad *m.*
behave *v.* ymddwyn
behind *prep.* y tu ôl i
believe *v.* credu
bell *n.* cloch *f.*
belly *n.* bola *m.*
belong *v.* perthyn
below *prep.* dan + *S.M.*; *adv.* isod
belt *n.* gwregys *m.*
beside *prep.* ger, wrth
best *adj.* gorau
bet *v.* betio
better *adj.* gwell
between *prep.* rhwng
beware *inter.* gofal
beyond *prep.* y tu hwnt i

bib *n.* bib *m.*
Bible *n.* Beibl *m.*
bicycle *n.* beic *m.*
big *adj.* mawr
bikini *n.* bicini *m.*
bilingual *adj.* dwyieithog
bill *n.* bil *m.*
billion *num.* biliwn *f.*
bird *n.* aderyn *m.*
birth *n.* genedigaeth *f.*
birthday *n.* pen blwydd *m.*
bit *n.* darn *m.*; **a bit** *adv.* ychydig
bitter *adj.* chwerw
black *adj.* du
blade *n.* llafn *f.*
blanket *n.* blanced *f.*
bleed *v.* gwaedu
blend *v.* cymysgu
bless *v.* bendithio
blind *adj.* dall
block *n.* bloc *m.*
blond *adj.* golau
blood *n.* gwaed *m.*
blouse *n.* blows *f.*
blow *v.* chwythu
blue *adj.* glas
board *n.* bwrdd *m.*
boat *n.* cwch *m.*, bad *m.*
body *n.* corff *m.*

boil *v.* berwi
bolt *n.* bollt *f.*
bomb *n.* bom *m.*
bone *n.* asgwrn *m.*
book *n.* llyfr *m.*; *v.* archebu, cadw lle (*keep a room/seat*)
bookshop *n.* siop lyfrau *f.*
boot (*of car*) *n.* cist *f.*
boot (*shoe*) *n.* esgid *f.*
border *n.* ffin *f.*
born *v.* geni
boss *n.* bos *m.*
both *adv., pron.* y ddau
bother *v.* poeni
bottle *n.* potel *f.*
bow *n.* bwa *m.*
bowl *n.* powlen *f.*
box *n.* blwch *m.*
bracelet *n.* breichled *f.*
bread *n.* bara *m.*
break *v.* torri
break down *v.* torri lawr
breakfast *n.* brecwast *m.*; **for ~** i frecwast
breast *n.* bron *f.*
breath *n.* anadl *f.*
breathe *v.* anadlu
breeze *n.* awel *f.*
bride *n.* priodferch *f.*

bridge *n.* pont *f.*
brief *adj.* byr, cryno
briefs *n.* pans *m.*
bright *adj.* disglair
bring *v.* dod â + *SP.M.*
brother *n.* brawd *m.*
brown *adj.* brown
bruise *n.* clais *m.*
brush *n.* brwsh *m.*
bucket *n.* bwced *m.*
budget *n.* cyllideb *f.*
build *v.* adeiladu
building *n.* adeilad *m.*
bulb *n.* bwlb *m.*
burglar *n.* lleidr *m.*
burn *v.* llosgi
bury *v.* claddu
bus *n.* bws *m.*
business *n.* busnes *m.*
busy *adj.* prysur
but *conj.* ond
butcher *n.* cigydd *m.*
button *n.* botwm *m.*
buy *v.* prynu
by *prep.* wrth +*S.M.*
bye-bye *inter.* hwyl fawr, pob hwyl

C

cable *n.* cebl *m.*
café *n.* caffe *m.*
cage *n.* cawell *m.*
cake *n.* teisen *f.*, cacen *f.*
calculate *v.* cyfrifo
calculator *n.* cyfrifiannell
calendar *n.* calendr *m.*
call *v.* galw; *n.* galwad *f.*
camera *n.* camera *m.*
camp *n.* gwersyll *m.*
can *v.* gallu; *n.* tun *m.*
cancel *v.* dileu, canslo
cancer *n.* canser *m.*
candle *n.* cannwyll *f.*
canoe *n.* can *m.*
cap *n.* cap *m.*
capable *adj.* galluog
capital *n.* prifddinas *f.*
captain *n.* capten *m.*
car *n.* car *m.*
card *n.* cerdyn *m.*
care *n.* gofal *m.*; *v.* gofalu
careful *adj.* gofalus
carpet *m.* carped
carry *v.* cario
case *n.* cês *m.* (*bag*); achos *m.* (*law*)
cash *n.* arian *m.*

castle *n.* castell *m.*
casual *adj.* hamddenol (*leisurely*), achlysurol (*now and again*)
cat *n.* cath *f.*
catch *v.* dal
cathedral *n.* eglwys gadeiriol *f.*
cautious *adj.* gofalus
cave *n.* ogof *f.*
CD *n.* CD *m.*
ceiling *n.* nenfwd *m.*
celebrate *v.* dathlu
cell *n.* cell *f.*
cellar *n.* seler *f.*
cemetery *n.* mynwent *f.*
centimeter *n.* centimetr *m.*
central *adj.* canolog
centre *n.* canol *m.*
century *n.* canrif *f.*
ceremony *n.* seremoni *f.*
chain *n.* cadwyn *f.*
chair *n.* cadair *f.*
chance *n.* siawns *f.*
change *v.* newid; *n.* newid *m.*
chapter *n.* pennod *f.*
character *n.* cymeriad *m.*
charge *v.* codi tâl
chat *v.* sgwrsio; *n.* sgwrs *f.*
cheap *adj.* rhad
cheat *v.* twyllo

check *v.* gwirio, edrych (*look*)
cheek *n.* boch *f.*
Cheers! *inter.* Iechyd da!
cheese *n.* caws *m.*
cheque *n.* siec *f.*
chess *n.* gwyddbwyll *m.*
chest (*body*) *n.* brest *f.*
chew *v.* cnoi
child *n.* plentyn *m.*
chin *n.* gên *f.*
china *n.* tsieni *m.*
choice *n.* dewis *m.*
choke *v.* tagu
choose *v.* dewis
Christian *n.* Cristion *m.*; *adj.* Cristnogol
Christianity *n.* Cristnogaeth *f.*
Christmas *n.* Nadolig *m*; **Merry ~** Nadolig Llawen.
church *n.* eglwys *f.*
cigar *n.* sigâr *f.*
cigarette *n.* sigarét *f.*
cinema *n.* sinema *f.*
circle *n.* cylch *m.*
circus *n.* syrcas *m.*
citizen *n.* dinesydd *m.*
city *n.* dinas *f.*
civil *adj.* sifil
civilian *n.* dinesydd *m.*

classic *adj.* clasurol
clean *adj.* glân
clear *adj.* clir
clever *adj.* clyfar
client *n.* cleient *m.*
cliff *n.* clogwyn *m.*
climate *n.* hinsawdd *f.*
climb *v.* dringo
clinic *n.* clinig *m.*
clock *n.* cloc *m.*
close *v.* cau
closed *adv.* ar gau
cloth *n.* lliain *m.*
clothes *n.* dillad *pl.*
cloud *n.* cwmwl *m.*
coast *n.* arfordir *m.*
coat *n.* cot *f.*
cobbler *n.* crydd *m.*
code *n.* côd *m.*
coffee *n.* coffi *m.*
coin *n.* darn arian *m.*
cold *adj.* oer
collect *v.* casglu
collection *n.* casgliad *m.*
college *n.* coleg *m.*
collide *v.* gwrthdaro
colour *n.* lliw *m.*
column *n.* colofn *f.*
comb *n.* crib *f.*

come *v.* dod
comfort *n.* cysur *m.*
comfortable *adj.* cysurus
committee *n.* pwyllgor *m.*
common. *adj.* cyffredin
company *n.* cwmni *m.*
compare *v.* cymharu
competition *n.* cystadleuaeth *f.*
complain *v.* cwyno
complaint *n.* cwyn *mf.*
complete *v.* cwblhau; *adj.* cyflawn
composer *n.* cyfansoddwr *m.*
comprehensive *adj.* cyfun, cyflawn
computer *n.* cyfrifiadur *m.*
concern *n.* pryder *m.*, gofal *m.*
concert *n.* cyngerdd *mf.*
condemn *v.* condemnio
condition *n.* cyflwr *m.*[*state*]; amod *mf.*[*term*]
conductor *n.* arweinydd *m.*, tocynnwr *m.* (*bus*)
confess *v.* cyfaddef
confidence *n.* hyder *m.*
congratulate *v.* llongyfarch
congratulations *inter.* llongyfarchiadau
connect *v.* cysylltu
consider *v.* ystyried

consonant *n.* cytsain *f.*
contact *v.* cysylltu
contain *v.* cynnwys
content *adj.* bodlon
continent *n.* cyfandir *m.*
continue *v.* parhau
contract *n.* cytundeb *m.*, contract *m.*
control *v.* rheoli
conversation *n.* sgwrs *f.*
convert *v.* trosi
convince *v.* argyhoeddi
cook *v.* coginio; *n.* cogydd *m.*, cogyddes *f.*
cool *adj.* oer, oerllyd
copy *v.* copïo; *n.* copi *m.*
cork *n.* corc *m.*
corner *n.* cornel *mf.*
correct *adj.* cywir; *v.* cywiro
cost *n.* cost *f.*; *v.* costio
cot *n.* cot *f.*
cotton *n.* cotwm *m.*
couch *n.* soffa *m.*
cough *v.* pesychu; *n.* peswch *m.*
count *v.* cyfrif
counter *n.* cownter *m.*
country *n.* gwlad *f.*
couple *n.* pâr *m.*
course *n.* cwrs *m.*

cousin *n.* cefnder *m.*, cyfnither *f.*
cover *n.* clawr *m.*; *v.* gorchuddio
cow *n.* buwch *f.*
cradle *n.* crud *m* .
craft *n.* crefft *f.*
crash *n.* gwrthdrawiad *m.*; *v.* crasio
crawl *v.* cropian
crazy *adj.* gwallgof, gwallgo
cream *n.* hufen *m.*
create *v.* creu
credit *n.* credyd *m.*; ~ **card** *n.* cerdyn credyd *m.*
crew *n.* criw *m.*
crime *n.* trosedd *mf.*
criticism *n.* beirniadaeth *f.*
criticize *v.* beirniadu
cross *n.* croes *f.*; *v.* croesi; *adj.* dig
cruise *v.* mordeithio; *n.* mordaith *f.*
cry *v.* crio, llefain, wylo
culture *n.* diwylliant *m.*
cup *n.* cwpan *mf.*
cupboard *n.* cwpwrdd *m.*
cure *n.* gwellhad *m.*
curtain *n.* llen *f.*
cushion *n.* clustog *f.*
custom *n.* arfer *mf.*
customer *n.* cwsmer *m.*

customs *n.* arferion *mpl.* [habit]; tollau *fpl/* [taxes]
cut *v.* torri; *n.* cwt *m.*, toriad *m.*

D

dad *n.* dad *m.*
daily *adj.* dyddiol
dairy *n.* llaethdy *m.*
damage *n.* niwed *m.*
damp *adj.* llaith
dance *n.* dawns *f.*; *v.* dawnsio; ~ **club** clwb dawnsio
danger *n.* perygl *m.*
dangerous *adj.* peryglus
dare *v.* mentro
dark *adj.* tywyll
darkness *n.* tywyllwch *m.*
date *n.* dyddiad *m.*, oed *m.* [appointment]
daughter *n.* merch *f.*
dawn *n.* gwawr *f* .
day *n.* dydd *m.*, diwrnod *m.*
dead *adj.* marw
deaf *adj.* byddar
deal *v.* delio; *n.* bargen *f.*
dear *adj.* annwyl
death *n.* marwolaeth *f.*
debt *n.* dyled *f.*
decade *n.* degawd *mf.*

deceive *v.* twyllo
December *n.* Rhagfyr *m.*
decide *v.* penderfynu
decision *n.* penderfyniad *m.*
decorate *v.* addurno
decoration *n.* addurn *m.*
decrease *v.* lleihau
deep *adj.* dwfn
defect *n.* nam *m.*
defend *v.* amddiffyn
degree *n.* gradd *f.*
delay *v.* oedi
delete *v.* dileu
delicious *adj.* blasus
deliver *v.* dosbarthu
demand *v.* hawlio
dentist *n.* deintydd *m.*
depart *v.* ymadael.
depend *v.* dibynnu
describe *v.* disgrifio
desert *n.* anialwch *m.*
deserve *v.* haeddu
desire *n.* dymuniad *m.*; *v.* dymuno
desk *n.* desg *f.*
dessert *n.* pwdin *m.*
destroy *v.* distrywio, dinistrio
detach *v.* datod
develop *v.* datblygu
devil *n.* diawl *m.*, diafol *m.*

dial v. deialu; n. deial m.

dialect n. tafodiaith f.

dialogue n. sgwrs f., deialog f.

diamond n. diemwnt mf.

diary n. dyddiadur m.

dictionary n. geiriadur m.

die v. marw

diet n. deiet, diet m.

difference n. gwahaniaeth m.

different adj. gwahanol

difficult adj. anodd, caled

difficulty n. anhawster m.

digital adj. digidol; n ~ **camera** camera digidol m.

dimension n. dimensiwn m.

dine v. bwyta, ciniawa

dining room n. stafell fwyta f.

dinner n. cinio mf.

direct adj. uniongyrchol, syth

direction n. cyfeiriad m.

dirt n. baw m.

dirty adj. brwnt, budr

disagree v. anghytuno

disappear v. diflannu

disappointment n. siom m.

disaster n. trychineb f.

discount n. disgownt m.

discover v. darganfod

discuss v. trafod

disease n. haint m., clefyd m.

dish n. dysgl f

disk n. disg m.

dislike v. ddim yn hoffi

disobey v. anufuddhau

distance n. pellter m.

disturb v. torri ar draws, aflonyddu

divide v. rhannu

divorce n. ysgariad m; v. ysgaru

do v. gwneud

doctor n. doctor m., meddyg m.

dog n. ci m.

doll n. dol f.

dollar n. doler m.

donkey n. asyn m.

door n. drws m.

dot n. dot m.;

double v. dyblu

doubt n. amheuaeth f.

down adv. lawr

dozen n. dwsin m.

draft n. drafft m.; awel f.

drama n. drama f.

draw v. tynnu [pull]; arlunio [paint]

drawing n. darlun m.

dream n. breuddwyd m.

dress n. gwisg f.; v. gwisgo

drink n. diod f.; v. yfed

drive v. gyrru

driver n. gyrrwr m.

drop v. gollwng

drown v. boddi

drug n. cyffur m.

drunk adj. meddw, wedi meddwi

dry v. sychu

dryer n. sychwr m.

due adj. dyledus

during prep. yn ystod

dust n. llwch m.

duty n. dyletswydd f.

E

each adj. pob

ear n. clust f.

early adj. cynnar

earn v. ennill

earring n. clustdlws m.

earth n. daear f.

easily adv. yn hawdd

east n. dwyrain m.

Easter n. Y Pasg m.

easy adj. hawdd

eat v. bwyta

economy n. economi m.

edge n. ymyl f.

education n. addysg f.

effect n. effaith f.

effort n. ymdrech f.

egg n. wy m; **boiled** ~ wy wedi'i ferwi; **fried** ~ wy wedi'i ffrio

eight num. wyth

elastic n. elastig m.

elbow n. penelin mf.

electric adj. trydanol

electrician n. trydanwr m.

electricity n. trydan m.

elegant adj. gosgeiddig

eleven num. un deg un, un ar ddeg

else adj. arall

e-mail n. ebost m.

emergency n. argyfwng m.

employer n. cyflogwr m.

empty adj. gwag

enclose v. amgáu

end v. gorffen; n. diwedd m.

enemy n. gelyn m.

energy n. egni m., ynni m.

engage v. dyweddïo

engine n. peiriant m.

England n. Lloegr f.

English n. Saesneg f.[language]; adj. Seisnig

Englishman n. Sais m.

Englishwoman n. Saesnes f.

enjoy v. mwynhau
enjoyment n. mwynhad m.
enlarge v. mwyhau, helaethu
enormous adj. enfawr
enough adj. digon; ~ **food** digon o fwyd
enter v. mynd i mewn
entertain v. diddanu
enthusiasm n. brwdfrydedd m.
entrance n. mynedfa f. [door]; mynediad m.
envelope n. amlen f.
environment n. amgylchedd m.
equal adj. cyfartal
equality n. cydraddoldeb m.
equipment n. offer m pl.
era n. cyfnod m.
eraser n. rhwber m.
error n. camsyniad m.
escape v. ffoi, dianc
especially adv. yn enwedig
essential adj. angenrheidiol
establish v. sefydlu
estate n. ystâd f.
estimate v. amcangyfrif
eternal adj. tragwyddol
euro n. ewro m.
Europe n. Ewrop f.
European adj. Ewropeaidd; n.

Ewropead m.
European Union n. Yr Undeb Ewropeaidd
even adj. gwastad; adv. hyd yn oed
evening n. noswaith f.
event n. digwyddiad m.
ever adv. erioed
every adj. pob
everybody n./pron. pawb
everyday adj. cyffredin, pob dydd
evidence n. tystiolaeth f.
exact adj. union
examination n. arholiad m.
examine v. arholi
example n. enghraifft f.
excellent adj. ardderchog
except prep. ac eithrio, heblaw
exception n. eithriad m.
excitement n. cyffro m.
excuse n. esgus m.; v. esgusodi
exercise n. ymarfer m.; v. ymarfer
exhibit v. arddangos
exhibition n. arddangosfa f.
exist v. bodoli
existence n. bodolaeth f.
exit n. allanfa f.
expect v. disgwyl
expensive adj. drud

experience n. profiad m.
expert n. arbenigwr m.
expire v. dod i ben
explain v. esbonio
explosion n. ffrwydrad m.
express v. mynegi
external adj. allanol
extinguish v. diffodd
extra adj. ychwanegol
extract v. tynnu allan; n. darn m.
extraordinary adj. arbennig
extreme adj. eithafol
eye n. llygad m.

F

fabric n. defnydd m.
face n. wyneb m.
fail v. methu
failure n. methiant m.
faint v. llewygu
fair adj. teg; ~ **play** chwarae teg
faith n. ffydd f.
faithful adj. ffyddlon
fall v. syrthio, cwympo
false adj. ffug
family n. teulu m.
famous adj. enwog
far adj. pell
farm n. fferm f.

farmer n. ffermwr m.
fashion n. ffasiwn m.
fast adj. cyflym
fasten v. clymu [tie], cyflymu [speed]
fat adj. tew
father n. tad m.
father-in-law n. tad yng nghyfraith m.
fault n. bai m.
favour n. ffafr f.
favourite adj. hoff
fear n. ofn m.
feather n. pluen f.
February n. Chwefror m.
feed v. bwydo
feel v. teimlo
feeling n. teimlad m.
female adj. benywaidd; n. benyw f.
feminine adj. benywaidd
fence n. ffens f.
ferry n. fferi m
festival n. g yl f.
few pron. ychydig
field n. cae m.
fight v. ymladd
fill v. llenwi, llanw
film n. ffilm f.; v. ffilmio
final adj. terfynol

financial *adj.* ariannol
find *v.* canfod, ffeindio
fine *adj.* braf
finger *n.* bys *m.*
finish *v.* gorffen
fire *n.* tân *m.*
fireman *n.* dyn tân *m.*
fireplace *n.* lle tân *m.*
fireworks *n.* tân gwyllt *m.*
firm *adj.* cadarn
first *adj.* cyntaf
fish *n.* pysgodyn *m.*
fisherman *n.* pysgotwr *m.*
fist *n.* dwrn *m.*
fit *v.* ffitio
five *num.* pump
fix *v.* glynu
flag *n.* baner *f.*
flame *n.* fflam *f.*
flash *v.* fflachio
flat *adj.* gwastad; *n.* fflat *f.*
flavour *n.* blas *m.*
flight *n.* hediad *m.*
float *v.* arnofio
flood *n.* llifogydd *pl.*
floor *n.* llawr *m.*
flour *n.* blawd *m.*
flow *v.* llifo
flower *n.* blodyn *m.*

flu *n.* ffliw *m.*
fluently *adv.* yn rhugl
fly *v.* hedfan
fog *n.* niwl *m.*
fold *v.* plygu
folk *n.* gwerin *f.*
follow *v.* dilyn
food *n.* bwyd *m.*
fool *n.* ffŵl *m.*
foot *n.* troed *f.*
football *n.* pêl-droed *f.*
for *prep.* am, i
forbid *v.* gwahardd
force *n.* grym *m.*
forehead *n.* talcen *m.*
foreign *adj.* estron, tramor
foreigner *n.* estronwr *m.*;
   tramorwr *m.*
forest *n.* fforest *f.*, coedwig *f.*
forever *adv.* am byth
forget *v.* anghofio
forgive *v.* maddau
fork *n.* fforc *f.*
form *n.* ffurf *f.*; dosbarth *m.*
   [*class*]; *v.* ffurfio
former *adj.* cyn
forward *n.* blaenwr *m.*; *adv.*
   ymlaen
four *num.* pedwar *m.*; pedair *f.*

frame *n.* ffrâm *f.*
France *n.* Ffrainc *f.*
free *adj.* rhydd
freedom *n.* rhyddid *m.*
freeze *v.* rhewi
freezer *n.* rhewgell *f.*
French *adj.* Ffrengig; *n.* Ffrangeg *f.*
Frenchman *n.* Ffrancwr *m.*
frequent *adv.* aml
fresh *adj.* ffres
Friday *n.* Gwener *m.*
friend *n.* ffrind *m.*, cyfaill *m.*,
   cyfeilles *f.*
friendly *adj.* cyfeillgar
friendship *n.* cyfeillgarwch *m.*
frog *n.* broga *m.*
from *prep.* o +*S.M.*, oddi wrth
   +*S.M.* [*letter*]
front *n.* blaen *m.*
fruit *n.* ffrwyth *m.*
fry *v.* ffrio
frying pan *n.* padell ffrio *f.*
fuel *n.* tanwydd *m.*
full *adj.* llawn; ~ **time** amser
   llawn
fun *n.* hwyl *f.*
funeral *n.* angladd *f.*
funny *adj.* doniol
fur *n.* ffwr *m.*

furniture *n.* celfi *mpl.*
future *n.* dyfodol *m.*

G

gallery *n.* oriel *f.*
gallon *n.* galwyn *m.*
gamble *v.* gamblo, hapchwarae
game *n.* gêm *f.*
gap *n.* bwlch *m.*
garage *n.* garej *m.*, modurdy *m.*
garden *n.* gardd *f.*
garlic *n.* garlleg *fpl.*
gas *n.* nwy *m.*
gate *n.* gât *f.*, clwyd *f.*
gather *v.* casglu
gay *adj.* hapus (happy), hoyw
geography *n.* daearyddiaeth *f.*
germ *n.* germ *m.*
German *n.* Almaeneg *f.*; *adj.*
   Almaenig
Germany *n.* Yr Almaen *f.*
get *v.* cael
gift *n.* anrheg *f.*, rhodd *f.*
girl *n.* merch *f.*
give *v.* rhoi, rhoddi
glad *adj.* balch
glass *n.* gwydryn *m.*
glasses *n.* sbectol *f.*
glove *n.* maneg *f.*

glue *n.* glud *m.*
go *v.* mynd
goal *n.* gôl *f.*
goat *n.* gafr *f.*
God *n.* Duw *m.*
gold *n.* aur *m.*
good *adj.* da
good-bye! *inter.* hwyl fawr
goods *n.* nwyddau *pl.*
government *n.* llywodraeth *f.*
grab *v.* gafael
grammar *n.* gramadeg *m.*
grandchild *n.* ŵyr *m.*
granddaughter *n.* wyres *f.*
grandfather *n.* tad-cu *m.[S.W.]*, taid *m. [N.W.]*
grandmother *n.* mam-gu *f. [S.W.]*, nain *f. [N.W.]*
grandson *n.* ŵyr *m.*
grant *n.* grant *m.; v.* rhoi
grape *n.* grawnwin *pl.*
grass *n.* glaswellt *pl.* porfa *f.*
grave *n.* bedd *m.*
gravestone *n.* carreg fedd *f.*
graveyard *n.* mynwent *f.*
great *adj.* mawr
Great Britain *n.* Prydain *f.*
green *adj.* gwyrdd
greet *v.* cyfarch

grey *adj.* llwyd
grief *n.* galar *m.*
grill *v.* grilio
grocer *n.* groser *m.*
ground *n.* tir *m.*
group *n.* gr p *m.*
grow *v.* tyfu
growth *n.* twf *m.*
guard *v.* gwarchod
guess *v.* dyfalu
guilty *adj.* euog
gun *n.* dryll *m.*
gutter *n.* gwter *m.*

H

hail *n.* cesair; *v.* bwrw cesair
hair *n.* gwallt *pl*
haircut *n.* toriad gwallt *m.*
hairdresser *n.* trinydd gwallt *m.*
half *n.* hanner *m.*
hall *n.* neuadd *f.*
Halloween *n.* Calan Gaeaf *m.*
ham *n.* ham *m.*
hand *n.* llaw *f.*
handle *v.* trin; *n.* dolen *f.*
handy *adj.* hwylus
hang *v.* hongian
happen *v.* digwydd
happiness *n.* hapusrwydd *m.*

happy *adj.* hapus
harbour *n.* harbwr *m.*; porthladd *m.*
hard *adj.* caled, anodd *[difficult]*
harm *v.* niweidio; *n.* niwed *m.*
harp *n.* telyn *f.*
harvest *n.* cynhaeaf *m.*
hat *n.* het *f.*
hate *n.* casineb *m.*
have *v.* cael *[obtain]*, mae ... gan *[possess]*
hay *n.* gwellt, gwair *pl.*
hay fever *n.* twymyn y gwair *m.*
hazard *n.* perygl *m.*
he *pron.* fe, ef
head *n.* pen *m.*
headache *n.* pen tost *m. [S.W.]*, cur pen *m. [N.W.]*
heal *v.* gwella
health *n.* iechyd *m.*
healthy *adj.* iach
hear *v.* clywed
hearing *n.* clyw *m.*
heart *n.* calon *f.*
heat *n.* gwres *m.*
heater *n.* gwresogydd *m.*
heaven *n.* nefoedd *f.*, nef *f.*
heavy *adj.* trwm
height *n.* uchder *m.*; taldra *m. [of*

person]
helicopter *n.* hofrennydd *m.*
hell *n.* uffern *f.*
Hello! *inter.* Helo, Shwmae
help *n.* help *m.*, cymorth *m.; v.* helpu
her *pron.* hi ; *poss.pron* ei + *SP.M.*
here *adv.* yma
Hi! *inter.* Shwmae!
hide *v.* cuddio
high *adj.* uchel; *n.* ~ **school** ysgol uwchradd *f.*
hike *v.* heicio
hill *n.* bryn *m.*
him *pron.* fe, ef
hip *n.* clun *m.*
hire *v.* llogi, hurio
historic *adj.* hanesyddol
history *n.* hanes *m.*
hit *v.* taro
hold *v.* dal
hole *n.* twll *m.*
holiday *n.* gwyliau *pl.*
holy *adj.* sanctaidd
home *n.* cartref *m.; adv.* adref; **at ~** gartref
homeland *n.* mamwlad *f.*
homesickness *n.* hiraeth *m.*
homework *n.* gwaith cartref *m.*

honey *n.* mêl *m.*

hook *n.* bachyn *m.*; *v.* bachu

hope *n.* gobaith *m.*; *v.* gobeithio

horse *n.* ceffyl *m.*

hospital *n.* ysbyty *m.*

hot *adj.* poeth

hotel *n.* gwesty *m.*

hour *n.* awr *f.*

house *n.* tŷ *m.*

how *interrog.* sut

hug *v.* cofleidio

human *adj.* dynol

hundred *num.* cant

hunger *n.* newyn *m.*

hungry *adj.* chwant bwyd *m.*; **I'm ~** mae chwant bwyd arna i

hunt *v.* hela; *n.* helfa *f.*

hurricane *n.* corwynt *m.*

hurry *v.* brysio

hurt *v.* brifo

husband *n.* g r *m.*

I

I *pron.* fi, i, mi

ice *n.* iâ *m.*; **~ cream** hufen iâ *m.*; **~ cube** iâ *m.*; **~ hockey** hoci iâ *m.*

icy *adj.* rhewllyd

idea *n.* syniad *m.*

ideal *adj.* delfrydol

identical *adj.* tebyg

identify *v.* adnabod

identity *n.* hunaniaeth *f.*; **~ card** cerdyn adnabod

idiot *n.* ffŵl *m.*

if *conj.* os

ignition *n.* peiriant tanio *m.* [*car*]

ignore *v.* anwybyddu

ill *adj.* sâl

illegal *adj.* anghyfreithlon

illness *n.* salwch *m.*

imagine *v.* dychmygu

immediately *adv.* ar unwaith

importance *n.* pwysigrwydd *m.*

important *adj.* pwysig

impossible *adj.* amhosibl

in *prep.* yn + N.M. [+ *definite noun*], mewn [+ *indefinite noun*]

inch *n.* modfedd *f.*

include *v.* cynnwys

income *n.* incwm *m.*

increase *v.* cynyddu; *n.* cynnydd *m.*

industry *n.* diwydiant *m.*

infect *v.* heintio

infection *n.* haint *m.*

inform *v.* rhoi gwybod

information *n.* gwybodaeth *f.*

injure *v.* niweidio

injury *n.* niwed *m.*, anaf *m.*

ink *n.* inc *m.*

inn *n.* tafarn *mf.*

innocent *adj.* diniwed

inquire *v.* holi

inside *prep.* y tu mewn i +*S.M.*; *adv.* y tu mewn

instead of *prep.* yn lle

instrument *n.* offeryn *m.*

insult *v.* sarhau; *n.* sarhad *m.*

insurance *n.* yswiriant *m.*

insure *v.* yswirio

interest *n.* diddordeb *m.*; llog *m.* [*finance*]

interesting *adj.* diddorol

international *adj.* rhyngwladol

internet *n.* rhyngrwyd *m.*

interview *v.* cyf-weld; *n.* cyfweliad *m.*

into *prep.* mewn i + *S.M.*

intoxicated *adj.* meddw

introduce *v.* cyflwyno

invitation *n.* gwahoddiad *m.*

invite *v.* gwahodd

iron *n.* haearn

island *n.* ynys *f.*

it *pron.* ef *m.*, hi *f.*

Italy *n.* Yr Eidal *f.*

Italian *adj.* Eidalaidd; *n.* Eidalwr *m.*, Eidales *f.*, Eidaleg *f.* [*language*]

item *n.* eitem *f.*

J

jacket *n.* siaced *f.*

jail *n.* carchar *m.*

jam *n.* jam *m.*

January *n.* Ionawr *m.*

jar *n.* jar *m.*

jealous *adj.* eiddigeddus

jeans *n.* jîns *pl.*

jelly *n.* jeli *m.*; **~ fish** slefren fôr

jet *n.* jet *m.*

Jew *n.* Iddew *m.*, Iddewes *f.*

jewel *n.* gem *f.*

jewellery *n.* gemwaith *m.*

Jewish *adj.* Iddewig

job *n.* swydd *f.* [*employment*], tasg *f.* [*task*]

jog *v.* loncian

join *v.* ymuno

joint *n.* cymal *m.*; *adj.* cyd

joke *n.* jôc *f.*; *v.* smalio

journey *n.* taith *f.*

joy *n.* llawenydd *m.*

judge *n.* barnwr *m.*; *v.* barnu

juice *n.* sudd *m.*
July *n.* Gorffennaf *m.*
jump *v.* neidio
June *n.* Mehefin *m.*
just *adv.* dim ond
justice *n.* cyfiawnder *m.*

K

keep *v.* cadw
kettle *n.* tegell *m.*
key *n.* allwedd *f. [S.W.]*, goriad *m.. [N.W.]*
keyhole *n.* twll clo *m.*
kid *(child) n.* plentyn *m.*
kidney *n.* aren *f.*
kill *v.* lladd
killer *n.* llofrudd *m.*
kilo *n.* cilo *m.*
kilometre *n.* cilometr *m.*
kind *adj.* caredig; *n.* math *m.*
kindergarten *n.* cylch chwarae *m.*
kindness *n.* caredigrwydd *m.*
king *n.* brenin *m.*
kingdom *n.* teyrnas *f.*
kiss *v.* cusanu; *n.* cusan *f.*
kitchen *n.* cegin *f.*
knee *n.* pen-lin *m.*
knife *n.* cyllell *f.*
knit *v.* gwau

knock *v.* curo
knot *n.* cwlwm *m.*; *v.* clymu
know *v.* gwybod *[fact]*, adnabod *[person, place]*
knowledge *n.* gwybodaeth *f.*

L

label *n.* label *f.*
laboratory *n.* labordy *m.*
lack *n.* diffyg *m.*
ladder *n.* ysgol *f.*
lake *n.* llyn *m.*
lamp *n.* lamp *f.*
land *n.* tir *m.*
landscape *n.* tirlun *m.*
lane *n.* lôn *f.*
language *n.* iaith *f.*
large *adj.* mawr
last *adj.* olaf; *v.* parhau
late *adj.* hwyr, diweddar
later *adj.* hwyrach
laugh *v.* chwerthin; *n.* chwarddiad *m.*
law *n.* cyfraith *f.*
lawn *n.* lawnt *f.*
lawyer *n.* cyfreithiwr *m.*
lay *v.* gosod, dodwy *[egg]*
lazy *adj.* diog
lead *v.* arwain
leader *n.* arweinydd *m.*

leaf *n.* deilen *f.*
leak *v.* gollwng
lean *v.* pwyso; *adj.* tenau
leap *v.* neidio; ~ **year** blwyddyn naid
learn *v.* dysgu
lease *v.* llogi; *n.* les *m.*
least *adj.* lleiaf; **at** ~ o leiaf
leather *n.* lledr *m.*
leave *v.* gadael
lecture *n.* darlith *f.*
leek *n.* cenhinen *f.*
left *adj.* chwith
leg *n.* coes *f.*
legend *n.* chwedl *f.*
leisure *n.* hamdden *mf.*
lemon *n.* lemwn *m.*
lend *v.* benthyg
less *adj.* llai
lesson *n.* gwers *f.*
let *v.* gadael *[allow]*, llogi *[hire]*; rhentu *[rent]*
letter *n.* llythyr *m.*, llythyren *f.* *[alphabet]*
liberty *n.* rhyddid *m.*
library *n.* llyfrgell *f.*
lie *n.* celwydd *m.*; *v.* celwydda *[untruth]*, gorwedd *[rest]*
life *n.* bywyd *m.*; ~ **jacket** siaced achub
lift *v.* codi; *n.* lifft *m.*
light *n.* golau *m.*
lighter *n.* taniwr *m.*; ysgafnach *adj.*
lightning *n.* mellten *f.*
like *v.* hoffi
limit *n.* ffin *f.*; *v.* cyfyngu
line *n.* llinell *f.*
lip *n.* gwefus *f.*
lipstick *n.* minlliw *m.*
liquid *n.* hylif *m.*
list *n.* rhestr *f.*
listen *v.* gwrando
litre *n.* litr *m.*
literature *n.* llenyddiaeth *f.*
litter *n.* sbwriel *m.*
little *adj.* bach
live *v.* byw
living room *n.* stafell fyw *f.*
loaf *n.* torth *f.*
loan *n.* benthyciad *m.*; *v.* benthyca, benthyg
lobby *n.* cyntedd *m.*
local *adj.* lleol
lock *v.* cloi; *n.* clo *m.*
lonely *adj.* unig
long *adj.* hir
look *v.* edrych

lose *v.* colli
loss *n.* colled *f.*
lost *adj.* ar goll
loud *adj.* uchel
lounge *n.* lolfa *f.*
love *v.* caru; *n.* cariad *m.*
low *adj.* isel
luck *n.* lwc *f.*; **good ~** pob lwc
lunch *n.* cinio *mf.*
lung *n.* ysgyfaint *m.*
luxurious *adj.* moethus
luxury *n.* moeth *m.*

M

machine *n.* peiriant *m.*
mad *adj.* gwallgo
magazine *n.* cylchgrawn *m.*
magic *n.* hud *m.*
magician *n.* dewin *m.*
mail *n.* post *m.*
mailbox *n.* blwch post *m.*
main *adj.* prif
majority *n.* mwyafrif *m.*
make *n.* gwneud
makeup *n.* colur *m.*
male *adj.* gwrywaidd; *n.* gwryw *m.*
mall *n.* canolfan siopa *f.*
mail *v.* postio
main *adj.* prif

main road *n.* priffordd *f.*
man *n.* dyn *m.*
manager *n.* rheolwr *m.*
manner *n.* dull *m.*
many *n.* llawer *m.*
map *n.* map *m.*
March *n.* Mawrth *m.*
margin *n.* ymyl *f.*
mark *v.* marcio
market *n.* marchnad *f.*; *v.* marchnata
marriage *n.* priodas *f.*
marry *v.* priodi
mass *n.* torf *f.* [crowd]
master *adj.* prif; *n.* meistr *m.*
match *v.* cyfateb; *n.* gêm *f.*
material *n.* deunydd *m.*
matter *n.* mater *m.*
mattress *n.* matras *m.*
mature *adj.* aeddfed
maximum *n.* mwyafswm *m.*
May *n.* Mai *m.*
maybe *adv.* efallai
meal *n.* pryd *m.*
mean *v.* golygu; *adj.* cas
meaning *n.* ystyr *mf.*
means *n.* modd *m.*
measure *v.* mesur; *n.* mesuriad *m.*
meat *n.* cig *m.*

mechanic *n.* mecanig *m.*
medal *n.* medal *mf.*
medical *adj.* meddygol
medication *n.* moddion *pl.*
Mediterranean Sea *n.* Y Môr Canoldir *m.*
meet *v.* cyfarfod, cwrdd
meeting *n.* cyfarfod *m.*
melt *v.* toddi, dadlaith, dadmer
member *n.* aelod *m.*
memory *n.* cof *m.*
mention *v.* sôn, crybwyll
menu *n.* bwydlen *f.* [food], dewislen *f.* [computer]
Merry Christmas! *inter.* Nadolig Llawen!
mess *n.* llanast *m.*
message *n.* neges *f.*
messenger *n.* negesydd *m.*
metal *n.* metel *m.*
meter *n.* metr *m.*
middle *n.* canol *m.*
midnight *n.* canol nos *m.*
mild *adj.* tyner [gentle], gwan [weak]
mile *n.* milltir *f.*
milestone *n.* carreg filltir *f.*
military *adj.* milwrol
milk *n.* llaeth *m.* [S.W.], llefrith

m. [N.W.]
mill *n.* melin *f.*
million *n.* miliwn *f.*
mind *n.* meddwl *m.*
minimum *m.* minimwm *m.*, lleiafswm *m.*
minister *n.* gweinidog *m.*
mint *n.* mintys *m.*
minute *n.* munud *mf.*
mirror *n.* drych *m.*
miscellaneous *adj.* amrywiol
miss *v.* colli
mistake *n.* camsyniad *m.*
mix *v.* cymysgu
model *n.* model *m.*
modem *n.* modem *m.*
moderate *adj.* cymedrol
modern *adj.* modern
moment *n.* moment *f.*, eiliad *f.*
Monday *n.* Llun *m.*
money *n.* arian *m.*
monk *n.* mynach *m.*
monkey *n.* mwnci *m.*
month *n.* mis *m.*
monument *n.* cofadail *m.*
mood *n.* tymer *f.*
moon *n.* lleuad *f.*
more *adj.* mwy
morning *n.* bore *m.*

most *adj.* mwyaf
mother *n.* mam *f.*
mother-in-law *n.* mam yng nghyfraith *f.*
motorbike *n.* beic modur *m.*
mountain *n.* mynydd *m.*
mouse *n.* llygoden *f.*
moustache *n.* mwstás *m.*
mouth *n.* ceg *f.*
move *v.* symud
movie *n.* ffilm *f.*
much *n.* llawer *m.*
mud *n.* llaid *m.*, mwd *m.*
murder *v.* llofruddio
murderer *n.* llofrudd *m.*
muscle *n.* cyhyr *m.*
museum *n.* amgueddfa *f.*
mushroom *n.* madarchen *f.*
music *n.* cerddoriaeth *f.*
musician *n.* cerddor *m.*
must *n.* rhaid *m.*; **I ~** mae rhaid i fi
mustard *n.* mwstard *m.*
mute *adj.* mud

N

nail *n.* hoelen *f.* [*metal*], ewin *m.* [*finger*]
naked *adj.* noeth

name *n.* enw *m.*
nap *n.* cyntun *m.*
napkin *n.* clwt *m.*
narrow *adj.* cul
nation *n.* cenedl. *f.*
nationality *n.* cenedligrwydd *m.*
native *adj.* brodorol
natural *adj.* naturiol
nature *n.* natur *f.*
navel *n.* botwm bol *m.*
navigate *v.* mordeithio
navy *n.* llynges *f.*
near *prep.* yn ymyl, ger
nearly *adv.* bron
neat *adj.* taclus
necessary *adj.* angenrheidiol
necessity *n.* anghenraid *m.*
neck *n.* gwddf *m.*
necklace *n.* mwclis *pl.*
need *n.* angen *m.*; **I ~** mae angen arna i
needle *n.* nodwydd *f.*
negative *adj.* negyddol
neighbour *n.* cymydog *m.*
neighbourhood *n.* cymdogaeth *f.*
neither *adv.* na chwaith
nephew *n.* nai *m.*
nerve *n.* nerf *m.*
nervous *adj.* nerfus

nest *n.* nyth *f.*
net *n.* rhwyd *f.*
network *n.* rhwydwaith *m.*
neutral *adj.* niwtral
never *adv.* byth
new *adj.* newydd; **Happy ~ Year** Blwyddyn Newydd Dda
news *n.* newyddion *pl.*
newspaper *n.* papur newydd *m.*
next *adj.* nesaf
nice *adj.* neis
niece *n.* nith *f.*
night *n.* nos *f.*
nightmare *n.* hunllef *f.*
nine *num.* naw
no *adv.* na
nobody *pron.* neb
noise *n.* sŵn *m.*
none *n.* dim *m.*
noon *n.* canol dydd *m.*
normal *adj.* normal
north *n.* gogledd *m.*
nose *n.* trwyn *m.*
nosy *adj.* busneslyd
not *adv.* ddim
note *n.* nodyn *m.*
notebook *n.* llyfr nodiadau *m.*
nothing *n.* dim *m.*
notice *n.* hysbysiad *m.*; *v.* sylwi

noun *n.* enw *m.*
novel *n.* nofel *f.*
November *n.* Tachwedd *m.*
now *adv.* yn awr, nawr
nowadays *adv.* heddiw
nowhere *adv.* ddim yn unman
nude *adj.* noeth
number *n.* rhif *m.*
numerous *adj.* niferus
nun *n.* lleian *f.*
nurse *n.* nyrs *f.*
nut *n.* cneuen *f.*

O

object *n.* gwrthrych *m.*; gwrthwynebu *v.*
observe *v.* sylwi
obtain *v.* cael
obvious *adj.* amlwg
occasion *n.* achlysur *m.*
occasional *adj.* achlysurol
occasionally *adv.* weithiau
occupy *v.* meddiannu
occur *v.* digwydd
ocean *n.* cefnfor *m.*
October *n.* Hydref *m.*
odd *adj.* rhyfedd
of *prep.* o + *S.M.*

of course wrth gwrs
offer v. cynnig; n. cynnig m.
office n. swyddfa f.
official adj. swyddogol; n. swyddog m.
often adv. yn aml
oil n.olew m.
oily adj. olewllyd, seimllyd
old adj. hen
old-fashioned adj. henffasiwn
on prep. ar +S.M.
once adv. unwaith
one num. un
onion n. wynwynen f.
only adv. yn unig
open adj. agored; adv. ar agor
operate v. gweithredu
operation n. llawdriniaeth f. [hospital]
opinion n. barn f.
oppose v. gwrthwynebu
opposite prep. gyferbyn â +SP.M.
optician n. optegydd m.
or conj. neu +S.M.
oral adj. llafar
orange n. oren m.
orchestra n. cerddorfa f.
order n. archeb f., gorchymyn m. [command]; v. archebu, gorchymyn [command]
ordinary adj. cyffredin
organ n. organ mf.
organize v. trefnu
other adj. arall
ounce n. owns m
our pron. ein.
out adv. allan
outdoor adv. awyr agored
outside adv. y tu allan
oven n. ffwrn f.
over prep. dros +S.M.
overcoat n. cot f., cot fawr f.
owe v. ar +S.M.; **I ~ you ten pounds** mae arna i ddeg punt i chi
own v. perchenogi; gan +S.M. **I ~ a car** mae car gen i
owner n., perchennog m.
oxygen n. ocsigen m.

P

pace n. cyflymder m.
pack v. pacio
page n. tudalen mf.
pain n. poen mf.
painful adj. poenus
paint n. paent m.
painting n. peintiad m., darlun m.
pair n. pâr m.
pale adj. gwelw
pan n. padell f.
pants n. pans m, trôns m.
paper n. papur m.
parents n. rhieni mpl.
park n. parc m.; v. parcio
part n. rhan f.
part-time adj. rhan-amser
partner n. partner m.
party n. parti m.
pass v. pasio; n. bwlch m. [mountain], pas m. [ticket]
passenger n. teithiwr m.
past n. gorffennol m.
pastry n. toes m.
path n. llwybr m.
patient n. claf m.; adj. amyneddgar
pavement n. pafin m.
paw n. pawen f.
pay v. talu; n. tâl m.
payment n. tâl m.
peace n. heddwch m.
peak n. copa m.
pearl n. perl m.
pedal n. pedal m.
pen n. ysgrifbin m.
pencil n. pensil m.

pensioner n. pensiynwr m.
people n. pobl f.
pepper n. pupur m.
percent adv. y cant
perfect adj. perffaith
perfume n. persawr m.
perhaps adv. efallai
period n. cyfnod m.
permit v. caniatáu
person n. person m.
personal adj. personol
pet n. anifail anwes m.
pharmacy n. fferyllfa f.
phone n. ffôn m.
phonebook n. llyfr ffôn m.
photo n. ffotograff m.
photocopy n. llungopi m.
photograph n. ffotograff m.
phrase n. ymadrodd m.
physical adj. corfforol
picnic n. picnic m.
picture n. darlun m.
pie n. pei m.
piece n. darn m.
pill n. pilsen f.
pillow n. clustog f.
pilot n. peilot m.
pin n. pin m.
pinch v. pinsio

pine n. pîn m.
pink adj. pinc
pint n. peint m.
pipe n. piben f.
place n. lle m.
plain adj. plaen
plan n. cynllun m.
plane n. awyren f.
planet n. planed f.
plant n. planhigyn m.
plastic adj. plastig
plate n. plât m.
play v. chwarae
please adv. os gwelwch yn dda
pleasure n. pleser m.
plug n. plwg m.
plumber n. plymer m.
plural adj. lluosog
plus prep. plws
pocket n. poced f.
pocket knife n. cyllell boced f.
poetry n. barddoniaeth f.
point n. pwynt m.
poison n. gwenwyn m.
poisonous adj. gwenwynig
pole n. polyn m.
police n. heddlu m.
policeman n. heddwas m.
police station n. gorsaf heddlu f.

policy n. polisi m.
polite adj. cwrtais
political adj. gwleidyddol
politics n. gwleidyddiaeth f.
pond n. pwll m.
pony n. merlyn m.
pool n. pwll m.; **swimming ~** pwll nofio
poor adj. tlawd
pope n. pab m.
population n. poblogaeth f.
pork n. porc m.
portrait n. portread m.
position n. safle m.
positive adj. cadarnhaol
possible adj. posibl
post n. post m.; **~ office** post office; **~ code** cod post m.; postio v.
postcard n. cerdyn post m.
pot n. pot m.
pottery n. crochenwaith m.
pound n. punt f. [£], pwys m. [lb]
powder n. powdr m.
power n. pŵer m.
practical adj. ymarferol
pray v. gweddïo
prayer n. gweddi f.
prefer v. gwell; **I ~** mae'n well gen i

pregnant adj. beichiog
prepare v. paratoi
present adj. presennol; v. cyflwyno
president n. llywydd m.
press n. gwasg f.; v. gwasgu
pretty adj. pert
prevent v. rhwystro, atal
price n. pris m.
pride n. balchder m.
priest n. offeiriad m.
prime minister n. prif weinidog m.
principal adj. prif; n. pennaeth m. prifathro m.
principle n. egwyddor f.
prison n. carchar m.
prisoner n. carcharor m.
private adj. preifat
probably adv. yn ôl pob tebyg
problem n. problem f.
produce v. cynhyrchu
product n. cynnyrch m.
professor n. athro m.
profit n. elw m.
programme n. rhaglen f.
project n. prosiect m.
promise v. addo

proof n. prawf m.
property n. eiddo m.
proposal n. cynnig m.
propose v. cynnig
protect v. amddiffyn
protest n. protest f.; v. protestio
Protestant n. Protestant m.
proud adj. balch
prove v. profi
proverb n. dihareb f.
provide v. darparu
pub n. tafarn mf.
public n. cyhoedd m.; adj. cyhoeddus; **~ transport** cludiant cyhoeddus
publicity n. cyhoeddusrwydd m.
publish v. cyhoeddi
pull v. tynnu
pulse n. pyls m., curiad calon m.
purchase v. prynu
pure adj. pur
purple adj. porffor
purpose n. pwrpas m.
purse n. pwrs m.
push v. gwthio
put v. rhoi
pyjamas n. pyjamas m.

Q

quality *n.* ansawdd *mf.*
quantity *n.* swm. *m.*
quarter *n.* chwarter *m.*
queen *n.* brenhines *f.*
question *n.* cwestiwn *m.*
quick *adj.* cyflym
quiet *adj.* tawel
quilt *n.* carthen *f.*
quite *adv.* eitha

R

rabbit *n.* cwningen *f.*
race *n* (speed) ras *f.*; (people) hil *f.*
radio *n.* radio *m.*
rage *n.* dicter *m.*
railway *n.* rheilffordd *f.*
rain *n.* glaw *m.*; *v.* bwrw glaw
rainbow *n.* enfys *f.*
raincoat *n.* cot law *f.*
rainy *adj.* glawiog
raise *v.* codi
rape *n.* trais *m.*; *v.* treisio
rare *adj.* prin
rat *n.* llygoden fawr *f.*
rate *n.* cyfradd *f.*
raw *adj.* amrwd
razor *n.* eilliwr *m.*

react *v.* adweithio
reaction *n.* adwaith *m.*
read *v.* darllen
reader *n.* darllenydd *m.*
ready *adj.* parod
real *adj.* gwirioneddol, real
reality *n.* gwirionedd *m.*
realize *v.* sylweddoli
rear *n.* cefn *m.*
reason *n.* rheswm *m.*
recall *v.* cofio
receipt *n.* derbynneb *f.*
receive *v.* derbyn
recent *adj.* diweddar
recipe *n.* rysáit *m.*
recommend *v.* argymell
record *n.* record *f.*, cofnod *m.*
  [*note*]
red *adj.* coch
referee *n.* dyfarnwr *m.*
refrigerator *n.* oergell *f.*
refund *v.* ad-dalu
regard *v.* ystyried
Regards! *inter.* Cofion!
regarding *prep.* ynglŷn â +*SP.M.*
region *n.* ardal *f.*
register *n.* cofrestr *f.*; *v.* cofrestru
regret *v.* edifarhau
regular *adj.* cyson

relative *n.* perthynas *f.*; *adj.*
  perthnasol
relax *v.* ymlacio
relief *n.* rhyddhad *m.*
religion *n.* crefydd *f.*
religious *adj.* crefyddol
rely *v.* dibynnu
remain *v.* aros
remark *n.* sylw *m.*
remember *v.* cofio
remind *v.* atgoffa
remove *v.* symud
rent *n.* rhent *m.*; *v.* rhentu
repair *v.* trwsio
repeat *v.* ailadrodd
reply *v.* ateb; *n.* ateb *m.*
report *v.* adrodd; *n.* adroddiad *m.*
reputation *n.* enw da *m.*
request *v.* gwneud cais; *n.* cais *m.*
require *v.* angen *m.*; **I ~** mae
  angen arna i
rescue *v.* achub
research *n.* ymchwil *f.*
resist *v.* ymwrthod
resort *n.* man gwyliau *mf.*
respect *n.* parch *m.*; *v.* parchu
respond *v.* ymateb
responsible *adj.* cyfrifol
rest *v.* gorffwys; *n.* ~ **room** ystafell

  orffwys *f.*
restaurant *n.* bwyty *m.*
restore *v.* adfer
restrict *v.* cyfyngu
result *n.* canlyniad *m.*
retire *v.* ymddeol
return *v.* dychwelyd
reverse *v.* cefnu
rhythm *n.* rhythm *m.*
rib *n.* asen *f.*
ribbon *n.* rhuban *m.*
rice *n.* reis *m.*
rich *adj.* cyfoethog
ride *v.* marchogaeth
right *adj.* iawn [*correct*], de [*side*]
ring *n.* cylch *m.* [*circle*], modrwy
  f. [*finger*]
rinse *v.* golchi
ripe *adj.* aeddfed
rise *v.* codi
risk *n.* risg *m.*
river *n.* afon *f.*
road *n.* heol *f.*
rob *v.* lladrata
robbery *n.* lladrad *m.*
rock *n.* craig *f.*
rod *n.* rhoden *f.*
role *n.* rôl *f.*
roll *v.* rholio

romance *n.* rhamant *f.*
roof *n.* to *m.*
room *n.* stafell *f.*, ystafell *f.*
rope *n.* rhaff *f.*
round *adj.* crwn
route *n.* ffordd *f.*
row *n.* rhes *f.*
royal *adj.* brenhinol
ruin *n.* adfail *m.*; *v.* difetha
rule *n.* rheol *f.*; *v.* rheoli
run *v.* rhedeg
rush *v.* rhuthro

s

sad *adj.* trist
safe *adj.* diogel, saff; *n.* sêff *f.*
safety *n.* diogelwch *m.*
safety pin *n.* pin cau *m.*
sail *v.* hwylio
sail-boat *n.* cwch hwylio *m.*
sailor *n.* morwr *m.*
salad *n.* salad *m.*
salary *n.* cyflog *mf.*
sale *n.* gwerthiant *m.*; sêl *f.*
salt *n.* halen *m.*
same *adj.* tebyg, yr un
sample *n.* sampl *m.*
sand *n.* tywod *m.*
sandal *n.* sandal *m.*

Santa Claus *n.* Siôn Corn *m.*
satisfy *v.* bodloni
Saturday *n.* Sadwrn *m.*
say *v.* dweud
scar *n.* craith *f.*
scarf *n.* sgarff *f.*
scenery *n.* golygfa *f.*
scent *n.* persawr *m.*
school *n.* ysgol *f.*
science *n.* gwyddoniaeth *f.*
scissors *n.* siswrn *m.*
scratch *v.* crafu
scream *v.* gweiddi, sgrechian; *n.* sgrech *f.*
screen *n.* sgrin *f.*
screw *n.* sgriw *f.*
sea *n.* môr *m.*
search *v.* chwilio
season *n.* tymor *m.*
seat *n.* sedd *f.*
seat belt *n.* gwregys diogelwch *m.*
second *n.* eiliad *f.*; *adj.* ail
secret *n.* cyfrinach *f.*
secretary *n.* ysgrifennydd *m.*, ysgrifenyddes *f.*
security *n.* diogelwch *m.*
see *v.* gweld
seed *n.* hedyn *m.*
seem *v.* ymddangos

seize *v.* gafael
select *v.* dethol
selection *n.* detholiad *m.*
self *pron.* hunan
self-service *n.* hunanwasanaeth *m.*
sell *v.* gwerthu
send *v.* anfon
sender *n.* anfonwr *m.*
sentence *n.* brawddeg *f.*
separate *v.* gwahanu; *adj.* ar wahân
September *n.* Medi *m.*
series *n.* cyfres *f.*
serious *adj.* difrifol
service *n.* gwasanaeth *m.*
set *n.* set *f.*; *v.* gosod
seven *num.* saith
several *pron.* sawl
sew *v.* gwnïo
shade *n.* cysgod *m.*; *v.* cysgodi
shake *v.* ysgwyd; ~ **hands** ysgwyd llaw
shame *n.* cywilydd *m.*
shampoo *n.* siampŵ *m.*
shape *n.* siâp *m.*
share *v.* rhannu
shark *n.* siarc *m.*
sharp *adj.* miniog
shave *v.* eillio

shaving cream *n.* hufen eillio *m.*
she *pron.* hi
sheet *n.* dalen *f.*; cynfas *m.* [*bed*]
shelf *n.* silff *f.*
shell *n.* cragen *f.*
shelter *n.* cysgod *m.*; *v.* cysgodi
shine *v.* disgleirio
ship *n.* llong *f.*
shirt *n.* crys *m.*
shock *n.* sioc *m.*
shoe *n.* esgid *f.*
shoe polish *n.* cabol esgidiau *m.*
shoot *v.* saethu
shop *n.* siop *f.*
shore *n.* glan *f.*
short *adj.* byr
shorten *v.* byrhau
shot *n.* ergyd *f.*
shoulder *n.* ysgwydd *f.*
shout *v.* gweiddi
show *v.* dangos; *n.* sioe *f.*
shower *n.* cawod *f.*
shrink *v.* cwtogi
shut *v.* cau
shutter *n.* caead *m.*
sick *adj.* sâl; *n.* cyfog *m.*
side *n.* ochr *f.*
sight *n.* golwg *mf.*
sign *n.* arwydd *mf.*; *v.* llofnodi

signal *n.* arwydd *mf.*, signal *m.*
signature *n.* llofnod *m.*
silence *n.* tawelwch *m.*
silent *adj.* tawel
silk *n.* sidan *m.*
silly *adj.* ffôl, twp
silver *n.* arian *m.*
similar *adj.* tebyg
simple *adj.* syml
since *prep.* er, ers
sincerely *adv.* yn gywir
sing *v.* canu
singer *n.* canwr *m.*, cantor *m.*, cantores *f.*
single *adj.* sengl
sink *n.* sinc *m.*
sip *v.* llymeitian
sir *n.* syr *m.*
sister *n.* chwaer *f.*
sister-in-law *n.* chwaer yng nghyfraith *f.*
sit *v.* eistedd
site *n.* safle *m.*
six *num.* chwech, chwe
size *n.* maint *m.*
ski *v.* sgio
skin *n.* croen *m.*
skirt *n.* sgert *f.*
sky *n.* awyr *f.*

slang *n.* slang *m.*
sleep *v.* cysgu
sleeping bag *n.* sach gysgu *f.*
sleeping pill *n.* pilsen gysgu *f.*
sleeve *n.* llawes *f.*
slice *n.* tafell *f.*
slide *v.* llithro
slipper *n.* llopan *m.*
slope *n.* llethr *mf.*
slow *adj.* araf
small *adj.* bach
smart *adj.* golygus *[handsome]*, clyfar, deallus *[intelligent]*
smell *v.* arogli; *n.* arogl *m.*
smile *v.* gwenu
smoke *n.* mwg *m.*
snack *n.* byrbryd *m.*
snake *n.* neidr *f.*
sneeze *v.* tisian
snow *n.* eira *m.*; *v.* bwrw eira
so *adv.* felly
soak *v.* gwlychu
soap *n.* sebon *m.*
soccer *n.* pêl-droed *f.*
sock *n.* hosan *f.*
sofa *n.* soffa *m.*
soft *adj.* meddal
soil *n.* pridd *m.*; *v.* trochi
solid *adj.* solet

some *pron.* rhai
somebody *pron.* rhywun
something *pron.* rhywbeth
sometimes *adv.* weithiau
son *n.* mab *m.*
song *n.* cân *f.*
son-in-law *n.* mab yng nghyfraith *m.*
soon *adv.* yn fuan
sorrow *n.* galar *m.*
sorry *adj.* blin; I'm ~ mae'n flin gen i
sound *n.* sain *f.*; *adj.* cadarn
soup *n.* cawl *m.*
sour *adj.* sur
south *n.* de *m.*
space *n.* gofod *m.*
Spain *n.* Sbaen *f.*
Spaniard *n.* Sbaenwr *m.*; Sbaenes *f.*
Spanish *n.* Sbaeneg *f.* *[language]*; *adj.* Sbaenaidd
speak *v.* siarad
special *adj.* arbennig
specialty *n.* arbenigrwydd *m.*
speech *n.* araith *f.*
speed *n.* cyflymder *m.*
spell *v.* sillafu
spend *v.* gwario *[money]*, treulio *[time]*

spider *n.* pryf cop *m.*
spit *v.* poeri
spoil *v.* sbwylio, difetha
sponge *n.* sbwng *m.*
spoon *n.* llwy *f.*; **tea ~** llwy de; **table ~** llwy fwrdd
sport *n.* chwaraeon *pl.*
spring *n.* sbring *m.*
square *n.* sgwâr *m.*
stadium *n.* stadiwm *m.*
stage *n.* llwyfan *mf.*
stain *n.* staen *m.*
stairs *n.* grisiau *pl.*
stamp *n.* stamp *m.*
star *n.* seren *f.*
start *v.* dechrau, cychwyn
starve *v.* llwgu
state *n.* cyflwr *m.* *[condition]*, gwladwriaeth *f.* *[country]*
station *n.* gorsaf *f.*
statue *n.* cerflun *m.*
stay *v.* aros
steady *adj.* cyson *[regular]*, cadarn *[strong]*
steak *n.* stecen *f.*
steal *v.* dwyn, lladrata
steam *n.* ager *m.*
step *n.* gris *m.*; *v.* camu
still *adv.* o hyd; *adj.* llonydd

sting *v.* pigo
stink *v.* drewi
stitch *n.* pwyth *m.*
stocking *n.* hosan *f.*
stomach *n.* stumog *f.*
stone *n.* carreg *f.*
stool *n.* stôl *f.*
stop *v.* aros
store *n.* siop *f.*
storm *n.* storm *f.*
story *n.* stori *f.*
stove *n.* ffwrn *f.*
straight *adj.* syth
strange *adj.* rhyfedd
stranger *n.* dieithryn *m.*
stream *n.* nant *f.*
street *n.* stryd *f.*
strength *n.* cryfder *m.*
stress *n.* straen *m.*
string *n.* llinyn *m.*
strong *adj.* cryf
student *n.* myfyriwr *m.*
study *v.* astudio; *n.* astudiaeth *f.*
stuff *n.* defnydd *m.*; *v.* stwffio
stupid *adj.* ffôl
stylish *adj.* coeth
subject *n.* pwnc *m.*
subtract *v.* tynnu
suburb *n.* maestref *f.*

success *n.* llwyddiant *m.*
such *adj.* o'r math
suck *v.* sugno
suffer *v.* dioddef
sugar *n.* siwgr. *m.*
suit *n.* siwt *f.*; *v.* siwtio
suitcase *n.* cês *m.*
sum *n.* swm *m.*
summary *n.* crynodeb *m.*
summer *n.* haf *m.*
sun *n.* haul *m.*
Sunday *n.* Sul *m.*
sunflower *n.* blodyn haul *m.*
sunglasses *n.* sbectol haul *f.*
sunny *adj.* heulog
sunrise *n.* codiad haul *m.*
sunset *n.* machlud *m.*
sunstroke *n.* trawiad haul *m.*
supermarket *n.* archfarchnad *f.*
supper *n.* swper *m.*
sure *adj.* siŵr
surgeon *n.* llawfeddyg *m.*
surgery *n.* meddygfa *f.*
swallow *v.* llyncu; *n.* gwennol *f.*
swear *v.* rhegi, tyngu [*oath*]
sweat *n.* chwys *m.*; *v.* chwysu
sweater *n.* siwmper *f.*
sweep *v.* ysgubo
sweet *adj.* melys

swim *v.* nofio
swimming pool *n.* pwll nofio
swimsuit *n.* siwt nofio *f.*
swing *n.* siglen *f.*; *v.* siglo
switch *v.* newid; *n.* swits *f.*
Switzerland *n.* Y Swistir *f.*

T
table *n.* bwrdd *m.*, tabl *m.* [*figures*]
tablecloth *n.* lliain bwrdd *m.*
tablespoon *n.* llwy fwrdd *f.*
tailor *n.* teiliwr
take *v.* cymryd, mynd â +*S.M.*; ~ **care** cymerwch ofal; **take off** diosg [*clothes*], codi [*aeroplane*]
talk *v.* siarad
tall *adj.* tal
tampon *n.* tywel mislif
tan *n.* lliw haul *m.*
tap *n.* tap *m.*; *n.* ~ **water** dŵr tap *m.*
target *n.* targed *m.*
taste *n.* blas *m.*; *v.* blasu
tasteful *adj.* chwaethus
tasty *adj.* blasus
tax *n.* treth *f.*; *v.* trethu
taxi *n.* tacsi *m.*
tea *n.* te *m.*
teach *v.* dysgu

teacher *n.* athro *m.*, athrawes *f.*
team *n.* tîm *m.*
teapot *n.* tebot *m.*
tear *n.* deigryn *m.*; *v.* rhwygo
tease *v.* poeni
teaspoon *n.* llwy de *f.*
telephone *n.* teleffôn *m.*; ffôn *m.*; ~ **book** llyfr ffôn; ~ **number** rhif ffôn; *v.* ffonio
television *n.* teledu *m.*
tell *v.* dweud; **to** ~ **someone** dweud wrth rywun
temper *n.* tymer *f.*
temperature *n.* tymheredd *m.*, gwres *m.* [*fever*]
temple *n.* teml *f.*
temporary *adj.* dros dro
ten *num.* deg
tennis *n.* tennis *m.*
tent *n.* pabell *f.*; ~ **pole** polyn pabell
terrace *n.* teras *m.*
terrible *adj.* ofnadwy
text *n.* testun
than *conj.* na + *SP.M.*
thank *v.* diolch; ~ **you!** Diolch i chi! ~ **you very much!** Diolch yn fawr!

thankful *n.* diolchgar
that *rel.pron.* bod [*with long forms of verbs*], a +*S.M* [*with short forms of verbs*]; *adj.* hwnnw *m.*, honno *f.*
thaw *v.* meirioli, toddi, dadlaith
the *art.* y, yr, 'r
theatre *n.* theatr *f.*
theft *n.* lladrad *m.*
them *pron.* nhw
then *adv.* yna, wedyn
there *adv.* yno
thermometer *n.* thermomedr *m.*
they *pron.* nhw
thick *adj.* trwchus
thickness *n.* trwch *m.*
thief *n.* lleidr *m.*
thigh *n.* clun *m.*
thin *adj.* tenau
thing *n.* peth *m.*
think *v.* meddwl
third *num.* trydydd
thirst *n.* syched *m.*
thirsty *adj.* sychedig
this *adj.* hwn *m.*, hon *f.*
thought *n.* syniad *m.*
thousand *num.* mil *f.*
threat *n.* bygythiad *m.*
threaten *v.* bygwth

three *num.* tri *m.* tair *f.*
throat *n.* llwnc *m.*
through *prep.* trwy +*S.M.*
throw *v.* taflu
thumb *n.* bawd *mf.*
thunder *n.* taran *f.*
thunderstorm *n.* storm mellt a tharanau *f.*
Thursday *n.* Iau *m.*
ticket *n.* tocyn *m.*
tickle *v.* cosi
tide *n.* llanw *m.*
tie *v.* clymu
time *n.* amser *m.*
tire *v.* blino
tired *adj.* wedi blino
title *n.* teitl *m.*
to *prep.* i +*S.M.*
tobacco *n.* baco *m.*
today *adv.* heddiw
toe *n.* bys troed *m.*
together *adv.* gyda'i gilydd
toilet *n.* tŷ bach *m.*, toiled *m.*; ~ **paper** papur tŷ bach *m.*
tomorrow *adv.* yfory
tongue *n.* tafod *m.*
tonight *adv.* heno
tonsils *n.* tonsil *m.*
too *adv.* hefyd

tool *n.* offeryn *m.*
tooth *n.* dant *m.*
toothache *n.* dannodd *f.*
toothbrush *n.* brwsh dannedd *m.*
toothpaste *n.* past dannedd *m.*
top *adj.* prif [*chief*]; *n.* pen *m.*
total *n.* cyfanswm *m.*
touch *v.* cyffwrdd
tough *adj.* gwydn
tour *n.* taith *f.*
tourism *n.* twristiaeth *f.*
tourist *n.* twrist *m.*
tourist office *n.* swyddfa dwristiaid *f*, swyddfa groeso *f.*
tournament *n.* pencampwriaeth *f.*
tow *v.* tynnu
toward *prep.* tuag at +*S.M.*
towel *n.* tywel *m.*
tower *n.* tŵr *m.*
town *n.* tref *f.*
toy *n.* tegan *m.*
track *n.* llwybr *m.*
trade *n.* masnach *f.*; *v.* masnachu
tradition *n.* traddodiad *m.*
traffic *n.* traffig *m.*; trafnidiaeth *f.*
trail *n.* llwybr *m.*
train *n.* trên *m.*
transfer *v.* trosglwyddo
translate *v.* cyfieithu

translator *n.* cyfieithydd *m.*
transport *n.* cludiant *m.*
trash *n.* sbwriel *m.*
trash can *n.* bin sbwriel *m.*
travel *v.* teithio
traveller *n.* teithiwr *m.*
tray *n.* hambwrdd *m.*
treasure *n.* trysor *m.*
tree *n.* coeden *f.*
trial *n.* achos *m.* [*law*]
trouble *n.* trafferth *m.*
trousers *n.* trowsus *m.*
truck *n.* lorri *f.*
true *adj.* gwir
trunk *n.* cist *f.*
truth *n.* gwirionedd *m.*
try *v.* ceisio; *n.* cais *mf.* [*rugby*]
Tuesday *n.* Mawrth *m.*
tunnel *n.* twnnel *m.*
turn *n.* tro *m.*; *v.* troi
twice *adv.* dwywaith
twin *n.* gefell *m.*
two *num.* dau *m.*, dwy *f.*
typical *adj.* nodweddiadol

U
ugly *adj.* salw
umbrella *n.* ymbarél *m.*
unable *adj.* analluog

English > Welsh dictionary

unbelievable *adj.* anghredadwy
uncle *n.* ewythr *m.*
uncomfortable *adj.* anghysurus
under *prep.* dan +S.M.
understand *v.* deall
underwear *n.* dillad isaf *pl.*
undo *v.* datod
undress *v.* dadwisgo
uneasy *adj.* pryderus
uneven *adj.* anwastad
unforgettable *adj.* bythgofiadwy
unhappy *adj.* anhapus
unhealthy *adj.* afiach
uniform *n.* ffurfwisg *f.*
union *n.* undeb *m.*
unique *adj.* unigryw
unit *n.* uned *f.*
United States *n.* Unol Daleithiau'r America *f.*
universe *n.* bydysawd *m.*
university *n.* prifysgol *f.*
unknown *adj.* anhysbys
unless *conj.* oni bai
unlimited *adj.* diderfyn
unload *v.* dadlwytho
unpack *v.* dadbacio
unsafe *adj.* anniogel
until *prep.* tan +S.M.
unusual *adj.* anarferol

up *adv.* i fyny
upper *adj.* uwch, uchaf
upset *v.* tarfu; *adj.* wedi cyffroi
upside-down *adv.* ben-i-waered
upstairs *adv.* lan llofft, i fyny'r grisiau
up-to-date *adj.* cyfoes
urban *adj.* trefol
urge *v.* annog
urgent *adj.* brys
use *v.* defnyddio
used *adj.* wedi'i ddefnyddio, ail-law
usual *adj.* arferol
usually *adv.* fel arfer

V

vacancy *n.* swydd wag *f.*
vacant *adj.* gwag
vacation *n.* gwyliau *pl.*
valid *adj.* dilys
valley *n.* cwm *m.*
value *n.* gwerth *m.*
van *n.* fan *f.*
various *adj.* amrywiol
vegetable *n.* llysieuyn *m.*
vein *n.* gwythïen *f.*
velvet *n.* melfed *m.*
verb *n.* berf *f.*

versus *prep.* yn erbyn
very *adv.* iawn
veterinarian *n.* milfeddyg *m.*
victim *n.* dioddefwr *m.*
video camera *n.* camera fideo *m.*
view *n.* golygfa *f.*; *v.* gwylio
villa *n.* fila *m.*
village *n.* pentref *m.*
vine *n.* gwinwydden *f.*
vinegar *n.* finegr *m.*
vineyard *n.* gwinllan *f.*
violent *adj.* treisgar
visa *n.* fisa *m.*
visible *adj.* gweladwy
visit *v.* ymweld; *n.* ymweliad *m.*
visitor *n.* ymwelydd *m.*
vitamin *n.* fitamin *m.*
vocabulary *n.* geirfa *f.*
voice *n.* llais *m.*
vomit *v.* cyfogi; *n.* cyfog *m.*
vote *v.* pleidleisio; *n.* pleidlais *f.*
vowel *n.* llafariad *f.*

W

wage *n.* cyflog *mf.*
waist *n.* gwasg *m.*
wait *v.* aros
waiter *n.* gweinydd *m.*
waitress *n.* gweinyddes *f.*

waiting room *n.* ystafell aros *f.*
wake (up) *v.* deffro, dihuno
walk *v.* cerdded
wall *n.* wal *f*, mur *m.*
wallet *n.* waled *f.*
want *v.* eisiau *m.*; **I ~** mae eisiau … arna i, rydw i eisiau
war *n.* rhyfel *m.*
warm *adj.* cynnes, twym
warn *v.* rhybuddio
wash *v.* golchi, ymolchi [**~** *oneself*]
washing machine *n.* peiriant golchi *m.*
watch *v.* gwylio; *n.* oriawr *f.*, wats *m.*
water *n.* dŵr *m.*
wave *n.* ton *f.*; *v.* chwifio
wax *n.* gwêr *m.*, cŵyr *m.*
way *n.* ffordd *f.*
we *pron.* ni
weak *adj.* gwan
weakness *n.* gwendid *m.*
weapon *n.* arf *f.*
wear *v.* gwisgo
weather *n.* tywydd *m.*
weather forecast *n.* rhagolygon y tywydd *mpl.*
website *n.* gwefan *f.*
wedding *n.* priodas *f.*

Wednesday n. Mercher m.

week n. wythnos f.

weekday n. dydd gwaith m.

weekend n. penwythnos m.

weigh v. pwyso

weight n. pwysau pl.

welcome v. croesawu; inter. croeso

well n. ffynnon f.; adv. yn dda;

west n. gorllewin m.

wet adj. gwlyb

what interrog. beth

wheat n. gwenith pl.

wheel n. olwyn f.

when interrog. pryd

where interrog. ble

whether rel.pron. a + S.M.

which interrog. pa + S.M.

while cong. tra

white adj. gwyn

who interrog. pwy

whole adj. cyfan

why interrog. pam

wise adj. doeth

wife n. gwraig f.

wild adj. gwyllt

win v. ennill

wind n. gwynt m.

window n. ffenest f, ffenestr f.

wine n. gwin m.

wing n. adain f.

winner n. enillydd m.

winter n. gaeaf m.

wipe v. sychu

wish v. dymuno; n. dymuniad m.

with prep. gyda +SP.M.

without prep. heb +S.M.

witness n. tyst m.

woman n. menyw f., dynes f.

wonderful adj. godidog, arbennig

wood n. pren m.

wool n. gwlân m.

word n. gair m.

work n. gwaith m.; v. gweithio

world n. byd m.

worldwide adj. byd-eang

worry v. pryderu

worse adj. gwaeth

wound n. clwyf m.

wrap v. lapio

wrist n. arddwrn m.

write v. ysgrifennu

writer n. ysgrifennwr m.; awdur m.

wrong adj. anghywir

Y

yacht n. cwch hwylio m.

yard n. buarth m.

yawn v. agor ceg

year n. blwyddyn f.

yell v. bloeddio, gweiddi

yellow adj. melyn

yes adv. ie

yesterday adv. ddoe

yield v. ildio

you pron. chi, ti

young adj. ifanc

youth n. ieuenctid m.

youth hostel n. hostel ieuenctid f.

Z

zip n. zip m.

zone n. ardal f., rhanbarth m.

zoo n. sw. m.

We publish a wide range of attractive books for Welsh learners, including a comprehensive grammar and the popular *Welsh Learner's Dictionary*. For a full list of our publications, send now for a free copy of our latest catalogue, or, simpler still, why not surf into our website:

www.ylolfa.com

where you may search and order books on-line.

Talybont, Ceredigion, Cymru SY24 5AP, ffôn 01970 832 304, ylolfa@ylolfa.com, www.ylolfa.com